生涯教育

野村生涯教育一九八九年度版

シンボルマーク〝N〟は
野村生涯教育の名称NOMURA
基本理念〝自然観〟のNATURE
の頭文字〝N〟を現します

財団法人野村生涯教育センター　新本部 研修館　1988年10月31日 竣工

目次

まえがき

（財）野村生涯教育センター理事長　野村　佳子

昨年、年刊誌『生涯教育』創刊号が出版された。この度ひき続き「野村生涯教育　一九八九年度版」の上梓を見ることができた。

一九八九年の新年は、日本にとって大きな意義をもつ年始めとなった。一月七日、昭和という、一つの長い時代が終わり、一つの新しい元号の時代が始まった。

中国の古典から引用された「平成」の新元号は、「内平らかに外成る」「地平らかに天成る」という「国の内外にも、天地にも平和が達成される」の意味であるという。

しかし平和は自然に達成されるものではないであろう。〝人間〟が造らなければならない、そして〝私〟から造らなければならないのである。

地上に生活する私たちが行動を通して実践する中で始めて、理想は達成されるであろう。

折も折、日々の報道は、元号の出典の隣国、中国の動乱を伝えている。半世紀前、日本の若者が血を流した同じ大陸に、再び若者の血が流されている。

この開かれたグローバルな人類社会にありながら、なおかつ、閉ざされた政治体制の存在に、改めて人間の生きる世界のむずかしさを考えさせられる。身近な社会に起こっている悲惨な事件とともに、暗澹たる気持ちに落ち込む中から、胸の痛む思いで「人間とは何か」を考えずにはいられない。

それにつけ、この世紀、人類史的転換期を背景にして、世界的教育改革の要請に応えるべく生まれた「生涯教育」に課せられた意義は大きい。

この期に「生涯教育　一九八九年度版」を世に問うことは、私のささやかではあるが、二十数年問い続けた命題の確認を、今改めて自他に問うこととなろう。

㈶野村生涯教育センター1988年度の活動

国内活動

4月

◆各講座スタート

▲全国講座

▲クループ討議

▲一般講座

▲土曜講座

▲幼児部花まつり

5月

▲山梨県山の都大学理事長講演

▲青年部飯盒炊さん

6月

▲第９回九州大会理事長講演

▲本部会館新築進行

8月

▲第20回記念全国大会基調講演

▲分科会風景

9月

▲高年講座（敬老の日、幼児部が参加）

10月　◆運動会

大人も子供も一緒
になって

11月　◆本部新築披露宴

▲理事長挨拶

12月

▲幼児部クリスマス会

'89年１月

▲新年の集い

▲青年部勉強会

２月

▲幼児部節分

３月

▲幼児部ひなまつり

3月

▲センター創立記念日

▲幼児部修了式

▲理事長、国連大学に**永井道雄**氏を訪問、懇談（4月）

▲理事長、**東山魁夷**氏を訪問、表紙絵使用について（4月）

▲理事長、**谷川徹三**氏を訪問、懇談（元年2月）

▲**日野原重明**氏当センター本部来訪、見学（元年3月）

国際活動

5月

◀ASPBAE（アジア南太平洋成人教育協議会）会長**ピック**氏、来訪、懇談

6月

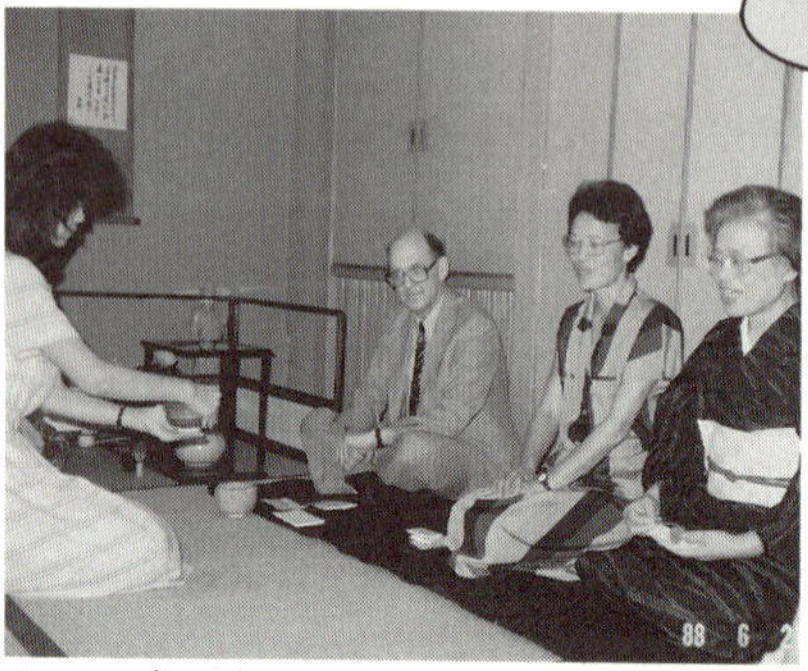

▲バーナード・ヴァンリア財団専務理事**ウッド**氏理事長宅を訪問、懇談

▲イスラエル、ハイファ大学教授、**ラッツ**女史、**サック**女史来訪、懇談

9月

▲エミサリー財団**ブライス**氏来訪、懇談

▲ICAE（国際成人教育協議会）事務局長**バッドホール**氏来訪、懇談

◆ＩＲＴＡＣ（カウンセリング促進のための国際円卓会議）

8月

◆ＷＥＦ（世界教育機構）　世界会議

◀理事長、講演

右から、**グレーブス氏**▶（ロンドン大学教育研究所教授）、**クロメリン**女史（WEF事務局長）、理事長

11月

◆ＡＳＰＢＡＥ（アジア南太平洋成人教育協議会）
中国婦人会議　日本代表として理事長出席

'89年３月

◆インド・アンドラ大学
「青年・平和・開発に関する国際セミナー」

▲開会式

▲開会行事　インドの伝統に則って点火する理事長

▲随行した青年部、インドの学生たちとの話し合い

▲**シマハドリ**教授夫妻が創設した学校を訪問する青年部

◀セミナー終了後インドを旅する青年部

基調論説　第20回記念生涯教育全国大会基調講演

生涯教育のめざすもの

── 民間生涯教育二十数年の歴史 ──

（財）野村生涯教育センター理事長 **野村　佳子**

世界的教育改革期ということは、言葉を換えれば世界的に人間喪失の時代であるからこそ、世界的に教育が見直されなければならないということでありましょう

生涯教育推進二十数年の今、昔

ご紹介いただきました野村でございます。

私どもの第二十回生涯教育全国大会に、このようにたくさんの方々のご参加をいただき、開催できますことを心からお礼申し上げます。

今日私は、生涯教育の目ざすものについて、そして私どもが二十数年間この生涯教育を推進してきた、その歴史を通してお話ししたいと思います。

今しみじみと、「生涯教育」という言葉が社会に理解されてきた今日を思いますとき、深い今昔の感を覚えます。

二十何年か前ですと、生涯教育について話しますときは「怪我の障害ではありません」という説明から入らないと理解していただけないことが度々でした。

言葉の意味を理解していただくのも大変でしたが、更にそれを実践に移すため、家庭、学校、社会の連携を呼びかけてまいりましても、なかなかご理解をいただけず、それは至難な作業でした。

まして、民間の、そして女性が、社会活動をしてゆくことの難しさというものを、骨身にしみて感じてきた今日まででした。

既成の学校教育中心の考えから言えば、教育と言えば学校教育、教育の専門家は学校の先生となりますから、私たち家庭人が「生涯教育」というテーマをひっさげて連携を呼びかけてまいりましても、「素人のあなたたちが何を言うか」といった教育現場の壁も厚かったですし、また、私たち民間人の女性の言葉に耳を貸していただくまでには、行政の壁も大変厚く感じられました。そうした中でのメンバーの活動は、泣いたり笑ったり、憤慨したりしながら綴ってきた歴史のように思います。

今つくづく思いますことは、二十数年前、もしこの三者の連携がもっと早く実践に移されていたとしたならば、青少年の問題にしても、今の社会がもう少しは良くなっていたのではなかろうかと、これもまた反省として思われることです。

今年一月の五日、文部省が教育改革白書とも言うべき「教育改革の推進——現状と課題」を出されました。その中で「生涯学習体系への移行」を最大課題と位置づけ、学校も生涯学習の一機関と割り切り、学歴社会是正のために脱・

学校中心教育の姿勢を鮮明にした、と新聞は報道しました。

これは二十数年来、時限教育、つまり学校教育から生涯教育へをモットーの一つに提唱し続けてきた私たちにとりまして、大変意義深く受け止められたことでした。

最近、フランスのポール・ラングラン博士からも、「あなた方の苦労が無駄ではなかったですね」というメッセージをいただき、一層喜びを大きくしているところです。

昨年のテーマ——今年のテーマ

昨年は、「生きる意味を問う——人間とは、家族とは、家庭とは」というテーマで全国大会を持ちました。テーマとしては大変身近な魅力あるテーマだと皆さまがおっしゃいました。それにひきかえますと、今年のテーマは大変地味なテーマだと思います。それだけに今回は、「生涯教育とは何か」について、深い関心をお持ちになっていらっしゃる方々がお集まりだろうと思います。

このようにテーマは毎回違いますが、第一回の大会から今回第二十回に到りますまで、私たちが終始問いかけましたことは、教育とは何か、人間とは何か、生きるとはどういうことか、の問いでした。それを二十年間続けてきたわけで、それがまた今回の「生涯教育の目ざすもの」でもあります。

アポロショックと第一回生涯教育全国大会

第一回生涯教育全国大会は一九七〇年でした。そこへ到る経緯をお話ししますと、私がこの活動を始めましたのは一九六二年頃でした。活動と言いましても、最初から社会活動をしようとか、教育是正をしようとかいうことで始めたわけではありませんでした。とにかく私は家庭純粋培養のような人間でしたから、世間にも疎く、人間関係で苦労したこともあまりなかったので、ボランティア活動を始めると、人間集団の複雑さや社会の色々な障害の壁にぶつかり、戸惑う事ばかり出てきました。きっとそれを見かねたのだろうと思いますが、主人が「広い世界を見てきたらいいだろう」と言って、世界一周の旅を勧めてくれました。

それは一九六九年でした。

今から一九年前、私が生まれて初めて日本から外国へ出たのがその時でした。

日本から初めて外国へ出て、世界から日本を見た時の印象は今もって鮮烈であり、その比較対照の中から初めて日本を見ることができてきたのです。そこに日本の良さも悪さも浮き彫りにされてきました。

この旅で私は二つの大きなショックを受けました。

一つは、西欧の歴史や文化と日本のそれとの大きな相違で、西欧の長い歴史が民族や領土の興亡を繰り返した、血を流した歴史の積み重ねであることに対し、長い世紀を、平和の中で単一民族の歴史が綴られてきた日本。その大きな相違を感じたわけです。たしかに日本にも第二次大戦の敗戦という有史以来の不幸はありましたが、短時日で高度経済成長期を迎え、復興も早かったので、その苦しみの時期はわりに短かったと思うのです。

それだけに、西欧が長い歴史の中で血を流して勝ちとってきた平和とか自由とか尊厳とかを、日本が血を流さないでそれらを守り抜くためにはどうしたらよいのかということを、私は真剣に考えさせられました。

第二は、その旅の最後にハワイの地でアポロ十一号の月着陸の場面にテレビで出会ったことでした。

一九五九年、ソ連が史上初の人工衛生スプートニクを打ち上げた時、アメリカが最大のショックを受けたと言われます、このスプートニク・ショックに対比して、私がアポロ・ショックと名付けたこの衝撃は、私にとってほんとうに大きなものでした。

今まで月を見ていた感覚で、ポカッと宇宙に浮いている、自分たち人間が住んでいる地球を、客観的に見ることができた時、そこに人間が一緒に住んでいる、この小さな惑星に人類が運命共同体として生きている実感、それは大きなショックでした。

この二つの強い衝撃は私の人生観を大きく変え、その後の生き方を変えたと思うのです。

それまでの私は、今もそうでございますが、大衆の前に出るとか、人と話すとか、そういうことがあまり好きではなかったですし、一人で旅をするとか、絵を描いたり、詩を作ったりということが好きな性格でしたから、この経験は私を一八〇度転換させたわけです。

これからの全人類は、この運命を共有した認識の大前提のもとに生きなければならないのだということを、強く印象づけられたのです。

それで翌年、一九七〇年に、初めて「地球はひとつ」のテーマを掲げ、生涯教育全国大会を開いたわけです。

　このテーマは当時なかなか理解されませんでしたが、旅で得た強い実感は動かし難く、とにかくそのテーマで第一回生涯教育全国大会が始まりました。

教育ボランティア活動の動機と背景

　よく教育ボランティア活動の動機は、と尋ねられるのですが、この旅の動機の以前に、当面の動機として、一九六〇年代の初頭に起き始めた青少年の不幸の問題がありました。

1970.11.　第１回生涯教育全国大会

　その頃の日本は、戦後の飢餓から立ち直り、朝鮮動乱や色々な状況の中で、高度経済成長期に入っておりました。使い捨て文化などと言われる物質的に豊かな恵まれた時代になりました。しかしその物質的繁栄の反面、私の子供時代にはなかった、日本がもっと貧しかった時代にはなかった青少年の不幸が起こってきました。私たちが一九六二年頃、活動を始めた背景にはそうした状況がありました。

　その青少年の不幸を第一の動機とし、世界を一周した旅の経験から受けたショックが第二の動機となりましたが、更にもう一つ、私の動機となっているものがあります。

　それは一九七四年、私が初めて国際会議に出た時の経験です。そこで強く印象に残った二つの点がありました。

　一つはすべてが合理的、数量的西欧方式で会議が進んでゆくということでした。そこにもし東洋の英知が加わったら、もっと別の視点や見解や違った方向づけが見出され、統合された第三の道が生まれるのではないかと思いました。

　もう一つは、すべてが男性理論で会議が進んでゆくということでした。世の中は男性女性が半々ですから、男性理論だけでなく、そこに女性理論が加わっていったら、もっとすばらしい、新しい創造がなされるのではないだろうか。

この二つの疑問は、その後の私の国際活動への強い動機づけとなりました。

このように、見える動機としては、青少年の不幸、世界一周の旅、そして国際会議の印象という三つがあったように思います。

思想に息づく見えない動機

こうして動機を探る中で気付いてきたことは、むしろ見える動機より見えない動機に、より大きな遠因を見ることの発見でした。人間形成が思想的にも感性的にも、風土や人情や原体験に負うものがいかに大きいかという。

以前、朝日新聞の「私の転機」や毎日新聞の「若い日の私」の欄に寄稿した折も、そのことにふれましたが、生まれ育った家や両親や、生まれ故郷の美しい自然の風物や人情のぬくもりが、紛れもなく私の今日のボランティア活動の源をなしていることを思うのです。

私が生まれた処は、静岡県の片田舎――今は町になっていますが――でした。私が生まれ育った村は、県境で、身延山に近いせいもあるのでしょうか、大変、中世から近世にかけて仏教文化の栄えた土地です。どうしてあんな辺鄙《へんぴ》な処でそうした文化が華開いたのかと思うのですが、そのような土地柄でもあり、また、富士山の麓ですから自然に恵まれていまして、大変景色がよく、川で泳ぎ、山で遊ぶ日々、そうした自然の風物の中に溶け込んだ生活がありました。今もって、樹々の葉を通して、読みかけた白いページにゆれた木もれ陽のきらめきが鮮やかに残る心象風景。意識下にプリントされた様々な要素。原体験に純粋培養された故郷の、さまざまな自然の風物や、家族をはじめ土地の人々の人情、父母の生きざま。こうした原体験の織りなした私の人間形成の延長線上に今日の教育ボランティア活動が続いていることを思うのです。

更に大きな、よってくるところの動機とも言えるものを挙げるならば、それは私の生涯教育の構想や基礎理論のより処となっている私の思想や、私の体質の中に息づいているものです。それは日本古代のアニミズム的精神と言ったらよいか、東洋の自然観と言ったらよいか、民族の文化のソースとなっているもので、長い世代を通じて、私の思想を形成しているものであろうと思います。

こうした古代アニミズム的な精神を土壌として、そこに外来の儒教や仏教や道教や、さらに西欧の科学思想というもの、そうしたもの全部を包含したものが、私たち日本人の思想を形成していると思いますし、また、私の中に一つの思想の体系となって常に息づいているのです。

私は生涯教育の理念も、基礎理論も、その思想の中から組み立てていったわけなのです。こうして、遠因、近因の総合の中から私の生涯教育ボランティア活動は、理念も理論も実践も築かれていったのでした。

それゆえ私の活動は、生涯教育とは何かということから始まったのではなく、教育とは何かという抜本的な問い直しから始まり、こうした原体験の中から、また私の資質の中に息づいているものの中から探究し、答えを生み出したもので、教育というものはそれゆえにこそ、過去からの永い永いルーツの中から、永い積み重ねの上に成り立っている偉大な作業であって、私が、本来教育は三代の産物であるということを主張している所以のものです。

人間の生命が生きつづいているからこそ、文化も、教育も、継続の上にこそ成り立つ作業でありましょう。

このことは人間一人を扱う人間観にとって実に重要なことであり、青少年の一つひとつのケースを扱う長い経験を通し、過去、現在、未来の三時を通して、よってくる動機をより深く見極めることがいかに大切かを痛切に思い知らされております。

青少年問題の真の要因

私たちが長年、子供たちの問題を扱ってきた中から見えてきた真の要因は、子供たちの非行の問題が、単なる一つのその子供の問題として起こっているのではなく、その背景に大人世界があったということへの気づきでした。子供たちの背景に必ず問題の動機となっている、家庭における両親の姿がありましたし、学校の生徒の背景に教師という大人集団があり、また一般社会の子供たちの後ろに大人社会がありました。すべての子供の問題の背景に大人社会の問題があり、その反映が子供社会であるということが分かってきました。

そしてさらに、その大人たちの価値観や意識や生活行動の背景に、社会的要因が見えてきました。現代社会の特徴として、科学技術の革新があります。また、情報化社会、余暇社会、高齢化社会、国際化社会への移行、こうしたことが現代社会の特徴として挙げられると思います。

私は現代社会の急激な変動は、十八世紀の産業革命を遥かに上回る変革だと思っております。

経済指向や物質価値優先の中で、そうした急激な変化の中に大人たちが戸惑い、自信を喪失し、生き方にしろ、意識や価値観やモラルにしろ、変化に対処のしようもなく、情報の渦に巻き込まれて揺れ動いている。

こうした社会的背景。そのように大人が戸惑い、自分を見失っている時、当然子供は戸惑い、方向性を失います。

そしてさらに、それらをすべて作り出している時代という大きな背景に行き当たったわけなのです。

それゆえ、一つの問題の解決も、それらをすべて総合した観点に立って、根の深い背景にメスを入れてゆかない限り、単に子供の非行をどうしようかとか、子供の暴力をどうしようかといった、切り取った一つのケースとして扱っていっても、単なる方法論や小手先の弥縫《びほう》策に終わり、それがいかに不毛かということが、長い取り組みの中で得た結論でした。

二つの方向へのアプローチ

そこから、真剣に私たちの教育活動の実践が始まったわけなのです。

そして、そこから私たちは二つの方向へのアプローチを試みました。

一つは、教育の抜本的な問い直し。今申し上げたように、単なる方法論や弥縫《びほう》策ではとても間に合わない。だから教育の抜本的な問い直しをしなければならないということ。

もう一つは、グローバルな視点に立って、それを足下から実践に移していくということ。この二つの方向を試みたわけなのです。

第一のアプローチとして、教育の抜本的な問い直しは、公教育も含めて、すべて教育と名のつくものの本質は何かということを問うことから始めました。教育の原点に戻ってみることから始めました。人間が人間らしくあるための作業が教育であるならば、教育の原点に戻ることは、そのまま人間の原点に戻ってみることではないか。それならば、教育とは何かを問うことは、人間とは何か、そして、生きるとは何かを問うことに他ならない。そのことから抜本的に問い直しをしていかないと、今日の、ここまで荒廃した教育、荒廃した人間性、それらを取り戻すための作業にはならない、という結論になったわけです。

そして、人間とは何かという、単なる抽象的な人間論ではなく、「私」とは何かという、いわゆる自己認識をしていくということ。己を知っていくことから始めようと、自己学習を主軸とした教育作業が始まったわけです。

まず大人であり、親である私たち自身の、「私とは何か」から問い直してみようということから始めたのです。

そして第二のアプローチは、グローバルな視点に立っての作業としてまず、この小さな惑星の中に住んでいる人間同士なのだから、まして、社会という混合体の中にあって、一人ひとりが成長してゆくのだから、家族ぐるみでこうした教育ボランティア活動をやっていく、社会ぐるみでやっていく。家庭、学校、社会の連携を図りながら、社会ぐるみで取り組んでいくということを実践に移す努力を始めました。

社会はもうすでに国際社会になっておりますから、日頃の活動が自然に、国際社会ぐるみで運動していこうという動きに　方向づけができてきたわけなのです。

ですから、昔から行事にはすべて、今回の大会も勿論、社会のあらゆる界層に呼びかけました。明日、分科会に助言者として　おいでいただく先生方も、これも毎年のことですが、あらゆる界層の方々にお願いいたしております。

そしてまた、0歳から九十歳を越えられた方まであらゆる年齢層の老若男女が、この大会では一堂に会します。

このことを先年、外国でお話しいたしました時、いわゆる官と民と、専門家と素人と、イデオロギーの右も左も、それからあらゆる職業の方たち、あらゆる界層、年齢層を巻き込んでの対話集会など、「それは理想であって、できればすばらしいが実現は難しい」と、オランダのウーデンホーベン氏がおっしゃったのです。

「しかしそれが理想ではなく、私たちが現実にそれを十年二十年やってきているのです。やってきたことなのですから」と申し上げたわけです。

ハンガリー国際諮問委員会での二つの結論

理想を実現化する上に大切なこととして、私は一九八六年、ハンガリーで開かれたユネスコ成人教育国際諮問委員会に出席した折、私が最後の結論として申し上げてきましたことは、次の二つの点でした。

一つは、「論で終わらせない」ということ。立派な論は世界中出つくしているのです。理想的な論、こうあるべき、そうあるべき、こうしたらいい、ああしたらいいといった論は、今の世界にとうに出つくしているはずです。すばらしい論が出つくしているのに、なぜ世の中はちょっとも変わらないのか。それは論で終わっていて、実践に移されないからです。

もう一つは、「自分を当事者にする」ということ。今は、みんなが評論家になっているのですもの。社会が悪い、学校が悪い、家庭が悪い、あの人が悪い、どこが悪いと、みんな他に批判を向けますが、批判することは実に簡単なことだと思うのです。しかし、社会はみんなで作っているのであって、特定の誰かが作っているというものではないと思うのです。ましてこの民主主義の社会においては、すべての人に権利と同時に義務も責任もあるはずです。

特に今という時代が、人類の存続の問題と個人の存続の問題が重なった時代ですから。核を持った時代は、誰が生

1986.11. ユネスコ成人教育諮問委員会（ハンガリー・ブタペスト）の折、出席者と共に市内見学

き残って、誰が生き残らないという問題ではないですから。そういった時代を生きているからこそ、私たちはそのことへの責任、自分の運命に対する責任を持つということであって、それが同時に人類への責任を持つことでもあると思うのです。

自分を当事者にする。第三者の立場からの評論ではなく、あらゆる問題を、〝自分にとって何か〞と受けとめる。この時代、この社会は自分にとってどう生きるべきものなのかということを、自分自身に問うこと。そうしたら、他に向けるものは何もなくなります。

「論に終わらせず」「当事者として取り組む」、この二つをポイントとして、一人ひとりが主体者として、生きる責任をとって、世の中がよくならないことは絶対にないと信じます。

ささやかではありますが、そうしたことを私は実践してきた実証の中から申し上げるのです。

三つの教育改革期

そして、このような民間生涯教育二十数年の歴史を思うにつけましても、教育と時代との関係、また、国家と教育との関係、庶民と教育との関係、そうしたことが思い起こされてくるのです。

教育が一つの時代を作ります。そしてまたその時代が進んでくると、その時代はまた一つの教育を要請します。そして要請された教育がまた、一つの時代を作っていく。そうした関係で、時代と教育は深い関係にあります。

日本の教育の歴史を振り返ります時、私は、三つの教育改革期があったと思うのです。

第一が明治五年、それまでの寺子屋教育から学校教育になった時だと思います。鎌倉時代や室町時代には寺院とかそういった処で教育が行われていたと聞きますが、江戸時代になって、江戸幕府の昌平黌《こう》をはじめ全国に三百近い藩学が開かれ、民間教育として、私塾、家塾を含め五万を越えると言われる寺子屋教育が盛んに行われるようになり、それが庶民のための初等教育機関だったと言われております。

その寺子屋教育が、幕藩政治体制から立憲君主制になり、国体が変わった後の明治五年、欧米の学校制度に倣ってわが国最初の近代学校制度に関する法令が頒布され、欧米の学校教育制度を参考にして、学校教育中心の教育に変わってゆきました。それが第一の教育改革だと思うのです。

第二の教育改革は、第二次大戦の敗戦によって、戦勝国であるアメリカのイニシアティブの下に六・三・三制の教育システムが導入され、教育に一つの大きな変革がありました。この変革の意義は大きく、教育の根幹を揺るがせました。この会場にもそのような経験をされた方も沢山いらっしゃると思いますが、教科書に墨が塗られ、それまで是としたものすべてが非とされる。親や教師が教育に対する自身を失った禍根は、今も大きく尾をひいているように思います。

第三の教育改革は、一九五〇年代の終わりから六〇年代にかけて起こってきている生涯教育への移行ということになります。いわゆる学校教育の限界から起こった、生涯教育の台頭と言うこともできましょう。

日本の教育が、一九世紀後半から二十世紀の後半へかけて、百十数年続いてきた学校教育中心の教育から、今、大きく変わろうとしています。また、変わらなければならないと思うのです。

この人類史的な大きな転換期を迎えて、やはり、それにふさわしい教育が生まれなければならないと思いますし、それが今の第三の教育改革期だと思うのです。

庶民と教育——第三の教育改革への参画

庶民の自発における教育活動であったところの私塾や寺子屋教育が学校教育へ移行した時、国家と教育の関係が生じたのだと思います。今また、第三の教育改革にのぞみ、このグローバルな時代の要請を背負って生まれた生涯教育という、いつでも、どこでも、誰でも、という教育理念から言って、私達庶民の自発において主体的教育推進がなされてきたことは至極当然でありましょう。

本来教育はそういうものであって義務や権利や、まして管理の下になされるものではないと私は思っているのです。

もちろん大綱においては国の教育行政の役割はありますし、庶民にはできない分野があります。大きな立場から、施設とか機会とか、いわゆる容れ物的なものを用意する。それはやはり行政の分野だろうと思います。ただ、内容にあたっては、それは一人ひとりのパーソナリティの問題であり、心の問題であり、人間の中味の問題であってみれば、そこに一番大切なことは、各々、誰かから教育してもらうのでなく、もちろんすべてのものから学ぶことではあるが、誰かに依存するのではなく、各々が自らの自発において、自らの教育、自らの人間形成、人間開発をしていくということでありましょう。

それが私は一番大事なことだと思います。また教育の本質であろうと思っています。その意味で、官にできるもの、できないもの、庶民にできるもの、できないもの、そうしたものを補完し合い、統合していく、協力態勢に入っていくということが理想的な姿ではなかろうかと思うわけなのです。

だから今、私はやはり庶民の自発による学習、庶民の自発にまつコンセンサスというものが、生涯教育の大きな要点、支柱になるべきではないかと思っているのです。

そして、三つの教育改革の中で、前の二つは日本の国内事情によるものであったのに対し、第三の教育改革は世界的な教育改革であり、それへ庶民が、大衆が自発し、自主的に参画してゆくという、それがこの時代を生きるものの教育的自立ではないかと考えるのです。

世界的教育改革期ということは、言葉を換えれば世界的に人間性喪失の時代であるからこそ、世界的に教育が見直されなければならないということでありましょう。

異常事態の現代社会

先程触れるつもりで話が進んでしまったのですが、今、新聞やテレビの報道を見ていると、毎日のように、親が子供を殺す、子供が親を殺す、先生が生徒を殴る、生徒が先生を殴る、というような考えられないことが頻繁に起こっています。本当にあり得べきでないことが毎日起こっていますね。

私は目黒に住んでおりますが、目黒で最近、子供が家族を殺すという事件がありましたね。そうした事件が、あの家からなら当然起こるだろうという特異な家庭から起こったのならまだ分かるのです。しかし、ごく当たり前の家庭の中であのようなことが起こるということは、考えてみれば、今、常態だと思っている社会がいかに狂っているかということになります。

そうした見直しをしないと、いつ、どこで、誰の家庭であのような事件が起こっても不思議ではないですし、私の家で起こることかもしれない。だから当たり前に思い、常態だと思って生きている今の社会が、実は異常事態と言うべきではないか。そういう自覚が今、私たちに大変大事なことだと私は思います。

よく外国から日本に帰ってきて強く感じますことは、社会に起こってくる問題にも、世界情勢にも、核や、原発や、諸公害の問題に対しても、日本人があまりにも無関心であるということです。そのことに、いつも私は驚くのです。たまたま外国で話し合う方たちが、そうした事に関心の深い方たちであるからかもしれませんが、日本に帰るとあまりにも安楽ムードというのか……。

この間も新聞で、日本の学生たちが、サンピエトロ寺院の中でふざけて大騒ぎをしたとか報じられていましたが、少なくとも高等教育を受けているのなら、人間の一番最低の礼儀作法ぐらいはわきまえていなくてはならないのが、そういう非常識なことを世界に出てやっている。こういう傾向は一体何なのかと思います。

それだけに、日本人のあまりの無関心さ、人の事には無関心、社会の事には無関心、世界の事に無関心ということに危険を感じるわけなのです。

だから今私たちは、日々、社会に起こってくる問題を他人事でなく、自分の事として、いつ自分の家に起こっても不思議はない事として考えていったなら、もっと違った社会の方向づけができるのではないでしょうか。

生涯教育の構想

活動の長いプロセスの中から、実態の把握ができ、取り組む姿勢や方向の結論づけができました時、私は、私の中に原体験として生き、体質として息づき、思想として培われてきた東洋の自然観を基盤に、この生涯教育の構想を立てました。自然の組み立て、自然の秩序から、教育の主体者「人間」とは何かを探し出そうと試みました。

まず客観的に自然界に人間の位置づけをしてみる。この図で説明しますと(図示)、人間の一生は、受胎から始まって、胎児期を経て誕生し、それから乳児期、幼児期、児童期、少年期、青年期、壮年期、老年期、死期という、これが人間の一生になります。こうして受胎してからずうっと、時間的経過の中で人間の一生が続きますね。個人の生命は必ず生命の伝達者を持ちます。生命の伝達者である両親を持ちます。その両親はまたその生命の伝達者を持ちますから、このようにして生命は伝達し伝承しながら、一代が二代に続き、二代が三代にと、ずっと何世代、何十世代を経て人類は続いていきます。

こうした時間的な縦の系列の中で、人間は位置づけを持ち、同時に横の空間的関係の中で位置づけを持ちます。つまり個人と環境世界との関わりの中で生きていきます。環境世界は、大別して、自然環境、物的環境、人的環境がありますが、その環境世界の中で個人が存在していきます。

東洋の自然観

東洋の自然観が教えることとは、この個人という個体生命と環境世界という全体生命が同時存在であるという、つまり、人間対自然ではなく、人間即自然ということです。それが東洋の自然観だと思うのですが、それはまた同時に、人間観、生命観、ひいては宇宙観と言い得ましょう。それに対し、西洋の自然観は人間対自然、自然を人間の向こうに見るという、大きな自然観の相違があると思うのです。

私たちが主催した第四回生涯教育国際フォーラムにヨーロッパ協議会から参加されたロンコーニ氏は、「人間の尊厳をより広い環境をも含めた全体の中で捉えていくというあなたの考え方は、西欧にとって大変必要なものである」とコメントされました。

私の主張する生涯教育論は、すべてこの自然観から導き出し、構築した理論なのです。

1986.10.　第４回生涯教育国際フォーラム（パリ）
手前から二人目がロンコーニ氏

自然をありのままに見ていった時に、生き物としての人間は、その自然の中の一物であり、自然と不可分の関係にあるということが分かってきます。そこから、すべての理論が割り出されてきました。統合の原理も、生存の原理も。また同時に、すべてが共に生き合っているがゆえに、生存の原理はそのまま共存の原理ともなるわけです。

東洋の自然観から割り出されてくるこの環境哲学は、外国の方々から大きな関心と興味を示され、今後の世界への貢献が期待されていることを感じます。

こうした、自然と一体であるという人間の本来の在り方、すべての人と人との関係、人と物との関係、人と自然との関係が、不可分であるということ。空気がなくなったら生きられないし、水がなくなったら生きられない。森羅万象のすべてがこの不可分の関係において成立ち、人間の位置づけがそこに定まってきます。そしてそれが生存の一番の基礎原理なのです。ここからおのずと人間の価値づけも出てくるわけです。

このことは同時に、大自然の仕組みと秩序の中に人間が位置づけられ、その仕組みの中に、秩序の中に、自然法則の中に人間は律せられていることになります。そうすると、人間が作っている社会そのものもそこに位置づけられ、その秩序の中に律せられていることにもなるのです。

ゲゼルシャフトとゲマインシャフト
——第三の社会の創造

ここで二つの社会構造についてお話ししたいのですが、ゲゼルシャフトとゲマインシャフトという言葉を考えて見たいと思います。

この利益社会と共同社会という考え方は、ドイツの社会学者テニエスが、二つの対をなしている社会の構造、社会の型として打ち出したものと聞きます。

ゲゼルシャフト（利益社会）というのは、現代のこの私たちの住む社会のように、いわゆる各人が利益的な関心をもって集まっている集団であり、つまりこの利益社会の特徴は、人間同士が人格の一部でつき合っている社会。だから、表面的には良いつき合いのようでも、本質的には人間関係が疎遠になっている社会であると言われます。

それに対し、ゲマインシャフト（共同社会）というのは、情的に融合している社会、情的に結ばれていることを特徴とする社会であると言われます。だから全人格でつき合うというのか、全人格をもって結合する社会で、血縁による家族集団とか、地縁による村落といった社会を指していて、昔の日本社会はみんなそうでしたし、今も田舎の形態は都会の形態より少しはそれに近いと思うのです。つまり近代化し、都会化してくればくるほど個の社会になってきてしまい、利益社会になってくるということが言えると思うのです。

テニエスは、その社会構造の変化を、共同社会からいわゆる利益社会に移行すると言っております。事実そうなってきています。

しかし、フランスのP・ラングラン博士も「社会学的に人類の未来はこうなるであろう、ということで未来が定まるのではなく、人間各人がどうあるべきかを考えることによって、未来は定まるのだ」とおっしゃるように、私もそう考えるのです。だから社会学者がこう言うからこうなるということでなくて、私たちがどうするかによって、どうなるかが決まるのだと思うのです。私たち一人ひとりの選択に、かかっているのだと思います。

私は人間の成長段階と社会の成長段階は同じものだと考

1986.11.　ラングラン博士と野村理事長　ユネスコ成人教育諮問委員会（ハンガリー・ブタペスト）の折

えております。人間の成長段階も、最初は親と子が未分ですよね。母子一体というのか、一心同体というのか、分離していませんですね。それがだんだん自我がめばえ、自己を確立する段階で子供が親から離れていきますよね。そういう人間の成長段階と同様、社会も最初はやはり共同社会だった。田植えをするにしても、冠婚葬祭でも、いつでもみんなが一緒に力を寄せ合って、共同体でやっていましたよね。それがだんだんと、隣で何をしているのかも知らないくらいに、個と個の分離が始まり、個人主義社会、利益社会になってきました。

ですから、人間の成長段階と社会の成長段階は同じだと思うわけです。

ゲゼルシャフト的現代社会が利己的孤絶的な方向をたどる実体を、これでいいとは誰も思っていないと思うのです。しかし徐々に社会はその方向に移ってきています。だからそれを元の助け合う調和の世界に戻す必要がありましょう。しかしそれは古代社会に戻すとか、近代化した都会が昔の田舎のようになることではなくて、もうひとつの止揚した、第三の社会へ移ることが必要であろうと考えるのです。その考え方も大自然の仕組みそのものから、教えられてきたものでした。

人間の場合も社会の場合も、分化したものをどう未分へ戻すかということではなく、母子一体のような未分へ戻すとか、分かれない前の状態に戻るそれではなくて、自と他を認め合った上での連帯や協力体という、次元を変えた第三の社会が、私は理想的な共同社会だろうと思うわけなのです。

大自然の構造に学ぶ

大自然が、すべての一体を教えています。東洋でも西洋でも、古代の英知はそれを教えています。華厳思想などにも〝万有はその真体において融合し一体である〟という言葉があります。すべての存在が時間空間の中に存在していますね。万有、つまりそのすべての存在するものは、その真理において、真実において、一体だという、こういう直観の悟りを説いています。

また、カール・セーガン博士の『コスモス』という著書の中にも、〝コスモス〟という言葉のギリシャ語の意味は、やはり「宇宙の秩序を意味し、すべてのものの深い関係を表し、そして複雑で微妙な一体を表している」ということが書かれています。

ギリシャの英知も東洋の英知も、やはり古代において直観で捉えた賢者が同じようなことを言っていますし、二十世紀、それを近代科学が捉えて、そこに近づいてきたということが言えると思います。ライフサイエンスやヒューマンエコロジーといった最近の科学が、証明しつつあるように私は思うのです。

ですから私は今、人間の在るべき姿、そして社会の在るべき姿を、もう一度、大自然の在り方そのものの中から、謙虚に学び直していくということが大切だと思うわけなのです。

そうした時に、そこへの復帰は、こうした自然観がその思想や体質に息づいている東洋人、日本人にこそ、それを容易にするものがあるのではないか。ヨーロッパの方々よりは、容易にそれができるのではなかろうかと思うのです。私が日頃主張している、文化のソースをもって世界に貢献していくという意味は、そうした自然観に立った哲学を生きた生活の上に実践化したものが、世界に大きな貢献ができるのではないかということなのです。私はそうした理想を持って国際活動をしているわけなのです。

ミクロの世界とマクロの世界と

そして、時間と空間の交錯したこの一瞬々々の「今」を生きている人間を、別の形で表しますと、縦の時間軸と横の空間軸の接点に今自分がいます。そして、同時にその一番の最小集団として家族がありますし、その集団が地域社会になり、またその集団が国家になり、その集まりとして世界になります。そして、それを包むこの地球は大きな宇宙の中の銀河系の中の、太陽系の中の一つの惑星としてあるわけです。このようにずーと個から全体へ繋がっているわけですね。

また、私という人間は、分子が寄り集まって細胞になり、細胞が集まって人体があります。そして、その個が集まって社会集団になってゆきます。

そのようにミクロの世界からマクロの世界までが繋がってあるということですね。それがこの世界なのですよね。

こういうことは、自分たちの身体ひとつを見ても分かることであって、胃でも腸でも脳でも血管でも、すべてがそれぞれの機能を果たしながら、分業しながら、それぞれが協力をし合って全体を機能させる。それではじめて人体が〃生きもの〃として動いているのです。そのように、すべてが、細胞下レベルから宇宙レベルまでが、一つの整然たる秩序のもとに分業と協力によって成り立っていると言われていますが、その秩序を乱しているのは人間社会だけだということになります。

　人間が今それに気付き、秩序を取り戻さないことには、自分の手で自分の首を絞めることを人類はしようとしてしまっているのです。

　先程ふれた、人的環境、人と人との環境も壊れてきています。人間関係が壊れてきています。家庭の中でさえ、親子とか、夫婦とか、嫁姑といった人間関係がどんどん壊れています。それから物的環境にしても、地球の資源が失われ、自然環境をことごとく破壊しようとしています。

　不可分の関係においてしか存在し得ない、それがなかったら生きられないという相互依存の関係にありながら、それに対して無知だから、無自覚だから、だから自分の首を絞めているのが現代人の愚かさだと思うわけなのです。

1988.8.6.　会場をぎっしり埋めた参加者　第20回生涯教育全国大会
(国立教育会館虎の門ホール)

だから本来の、すべてが協力しながら、分業と協力によって成り立ち、調和している世界に戻していくということ。人間社会をも、そういった意味での共同社会へ戻してゆく。

古代の共同社会ではなく、各々の個を認めながら、それが協力態勢に入ってゆく。それが近代を超えた未来社会でなければと思います。

今、世界はそういう統合の時代を迎えているのだと私は思います。

生涯教育が意味するものも、単なる狭い教育の分野だけの、家庭教育、学校教育、社会教育の統合を意味するものではなく、すべてを統合の観点から見据える時代を迎えていることの認識が必要だと考えます。

新しい教育概念

私はまた、この自然の構造から、教育原理を導き出しました。

教育は実態概念でなく関係概念であると言われます。成長する主体者と、それを援助する媒介者と、この両者の相互の関わりにおいて教育の営みは成り立つとする教育概念です。

今までの学校教育の考え方でいきますと、先生が生徒を教えるという一方通行の教育になりますし、親が子供を教え、躾けるという一方通行の教育になります。しかし、この教育概念から考えますと、また生涯教育の観点に立ちますと、親も教師も生涯かけて成長する主体者です。だから私は自然の秩序や構造から教育の概念や、教育原理を導き出し、いわゆる相互教育の原理として構築したわけなのです。

「子供たちの教育は、いついかなる場合にも親の自己教育である」

「生徒たちの教育は、いついかなる場合にも教師の自己教育である」

「人生に出会うすべての諸条件は、自己学習の教材である」

これら三つのモットーは、それを表しています。

出会う事象すべてが自分にとって必然の出会いであるということであって、そうであれは、自分にとって不都合な問題をも避けて通るのでなく、また、人生苦や不幸として捉えるのではなくて、それを学習教材として捉える。自分の人生で出会う一つひとつの事象を、自己実現の教材としてどう取り組むか。そこから何を学ぶか。相互の取り組みによって、どう自分を自己成長させ得るか。

人生で出会うすべての事象をこうして教育原理を用いて

取り組んだなら、悪条件も人生苦ではなくなるだけでなく、人生の達人になれましょう。生涯教育の観点に立ち、終生かけて自己を高める、自己実現してゆくという教育原理に立ったとき、生活に出会うすべての事象がすばらしい自己成長の教材になり得ます。

社会というものは、一人ひとりが主体者と媒介者の役割を同時に果たしながら、意図的であろうと、無意図的であろうと、関わり関わり合って成り立っている筈ですし、お互いに影響を与え合っているわけです。だからそれを意図的に、目的的にこの教育原理を活用していったら、それは「生活の教育化」になる筈です。

継続教育――一生涯をトータルしての教育計画

今までの学校中心の教育は、児童期、少年期、青年期、という生涯の一時期を教育期間と考えていました。

しかし、教育の目的を正し、人格の完成や自己実現、自己の可能性を生涯かけて開発することが教育の目的であることになれば、この学校期間だけで教育が完全であるということはとうていありえません。当然、学校教育以前に家庭を中心とした家庭教育がありますし、学校教育が終わってからの成人教育があります。この生涯をトータルしての教育設計、生涯教育は第一にこの継続の意味を持つわけです。そこで大事なことは、単に継続という意味ではないことです。

例えば、三階建のビルを建てる時と、十階建のビルを建てる時と、どこが一番違うかを考えますと、私は建築のことはよく分かりませんが、一番違うのは基礎工事だと思うのです。十階を支える基礎工事と、二階、三階を支える基礎工事とは、まったく違うと思うのです。それを支えるだけの一番土台になるもの、基礎になるもの、これが一番大きな違いではなかろうかと、私は思うわけなのです。

ですから今までの学校教育のイメージのままで、高齢化社会になったから、人生が長くなったから、ただ単に教育期間を伸ばしてゆくという考え方ではなくて、一度根底から全部ひっくり返すというのか、最初から改めて、生涯設計、生涯をトータルした設計を立て直さなければならないと思うのです。

高齢化社会への移行という時代の変革の中で、教育もまた大きな変革がなされてきます。八十何歳が平均寿命になってきますと、今までの、人生六十年とか五十年といった時代の生涯設計とはまったく違ってくるわけですね。だからこそ、その一生を支える、その基礎工事がいかに大事であるかとなります。生涯を支えるためには、胎児期から始まる乳児期、幼児期の教育という基礎がどんなに大事かを思わずにはいられません。

いつかNHKで、成人病は何歳から始まるかという内容の番組を放送していました。

大体、成人病といえば名前通り成人になってからの病気だと思いますが、この頃は随分若い人たちからも出てきているということも耳にするようになりました。しかし、その番組では、成人病が生後三ケ月から始まるということを取り上げていました。ですから今、寿命が延びた延びたと言いますけれども、明治や大正時代の人々だから寿命が延びているのかもしれません。これから先、今の子供たちの体力にしても精神力にしても、あのひ弱さで、果して八十余年が生きられるのかと、私は疑問に思っています。

だからこそ、生涯教育という観点に立って、改めて乳幼児期の教育、胎教からの全人教育の大事さを、声を大にして言わなくてはならないと思うわけです。

この頃よく英才教育などと言って、能力がどんなに早くからでも伸ばせるということを言います。たしかにそうだろうと思います。しかし、人間は決して頭だけで生きているわけではないですし、頭脳だけが良いからといって、人間的に果して立派な人間かというと、それはとても疑問とするところです。だから、基礎工事が大事である意味において、幼い頃からの全人的教育がいかに大事かということになります。

長い生涯を支えてゆく、その基礎工事の中身として、やはり知育、徳育、体育や、知、情、意のバランス、意志力、感性、知性のバランスのとれることが大切になります。体育も長い老年期を生きるための健康を支えるものとして、非常に大事になってきます。明治を生きた方々が、いかに体力的にすばらしいかを私は常々思っています。老後を支えてゆくためには精神的なもの、体力的なもの、意志力、自立心というものが、高齢化してくればくるほど大事になってまいります。

ですから今までの教育設計の中では、どこに就職するかが教育の最終目的になって、よい学校、よい成績、そのために知育、知育ということできたと思います。しかし今や、退職した後、子育て後の人生が長いですから、どういう大学を出、どういうところに就職するにしても、その後が長いわけですから。そうなると、偏った教育のために人間性の大切な他の部分が欠落したままでは、老後、結局は惨めな思いをするのではないか。

偏った生き方の中で、変則人間になってしまったらそうなるだろうと思うのです。特別頭が良くても、もし人間性が欠落していたら、自分と他者との人間関係が果たして調節できるだろうかと、最近多くなった熟年離婚や老人の自殺などを耳にするだけに、心にかかるのです。

統合教育・生活の教育化

そして、統合教育の重要性。本来、家庭、学校、社会は有機的相関関係にあるのだから、教育における三者の統合は当然のこととして、さらに、先程も申し上げましたように、時代そのものが統合の時代を迎えているのだから、あらゆる分野、あらゆる階層、あらゆる職種が、統合してゆくということ。理解し合ってゆく。協力し合ってゆく。そういうことを、これから国際社会でやってゆかなければならないと思うのです。

さらに、生活の教育化。今までのような、単に学校教育という、校舎があって、先生がいらして、教科書があってという、そういう狭い枠組みに限定された教育観からも脱皮しなければならない。いつでも、どこでも、誰でもということになりますと、生活の場がすべて教育になります。そしてむしろ、そうしたところに、より大きな教育効果や影響があると思うわけです。だから、無意図的な生活の場を意図的に教育の場と考えるというか、教育化するということが、とても大事なことだと思います。

生命の永遠の連鎖・人間の総合的把握

以上のような継続、統合、生活の教育化については、ある程度、生涯教育の定義ということでよく話されますが、私は最も重要なポイントとして、これに二つの特徴を加えております。

それは、「生命の永遠の連鎖」「人間の総合的把握」の二つの要点です。

生命の永遠の連鎖。近年、遺伝子の正体が解明され、遺伝子DNAが生命の遺伝情報を正確に次の生命に、その細胞にプリントしていくという、そこに生命の永遠の連鎖ということが、生命科学の立場から証明されてきています。そうしたことを考えると、私たち人間は、幾世代も幾世代もの生命の継続の中で、生命が蓄積した文化遺産を全部内包している一人ひとりということになります。すると、すべての人間が平等であり、冒すことのできない尊厳、本質価値を持つということになります。表面的な相違点に見る優劣とか差別とかいうものではなくて、根底にある永い生命を生きぬいてきた人間の価値において、万人が平等であり、そして冒し難い尊厳の存在が人間であるのだということもここから導き出されてきます。

私たちは往々にして、人間の虚像を実像として見る過ちをおかします。人間を、百何十センチの形あるものとして捉え、眼に見える表面の能力だけで人間を評価し、それを人間のすべてと見てしまいます。

しかし、先程申し上げましたように、人間はすべてのものと時間的にも空間的にも関わり合って生きる存在であり、生かされている存在である。無限なもの、永遠なものとの繋がりにおいて、一個の人間を人間を越えたものと共に捉えてゆく。そこに人間の実像が把握されてきます。

こうした人間の総合的把握。人間は生物的な存在であり、精神的な存在であり、社会的な存在、文化的存在だと言えます。こうした要素をすべて総合して人間を捉えてゆく、そういう観点が必要であろうと思います。それら全てを総合した観点から人間教育を扱ってゆく。こういうことを私は生涯教育の、私なりの定義としたわけなのです。

エミールへの二百年後の回答

今年の四月、奈良講座の開講をしました時に、そこにご参加下さった京都の府立大学の先生が、私の著書もお読み下さった上での、感想をおっしゃってくださいました。

「野村さんの考えの底に、かつてのルソーの考え方に通ずる深いものがある」とおっしゃられたわけです。

『エミール』は、ジャン・ジャック・ルソーの教育小説ですね。そして、このルソーの教育観は、後から出てくるペスタロッチや多くの教育家の教育論に深い影響を与えたと言われますが、そのルソーの考え方にすごく私の考え方が似ているのだそうです。

それからまた、西ドイツの平和研究家のコッペ氏が、最近センターから発刊しました『生涯教育』の創刊号に寄稿して下さった中で、私の考え方が、イワン・イリチとか、ニールとか、シュタイナーに、すごく似ているとおっしゃるのです。

しかし私は、それほどの勉強家ではありませんから、いろんな方の教育論はあまり勉強したことはないのです。私が思いますには、私は、もちろん本からも学びますし、いろいろな方から教えてもいただきます。しかし、生きた人間から学んだことが最も大きかったと思っております。

その生きた人間を扱うことにおいて、また教育の原点、人間の原点に戻って到達する地点において、これは古今東西を問わず、不易なものとして誰の考えも一致するものだろうと思います。私が誰かの学説を学ばなくても、教育の真実を求めていったとき世界の教育学者の人たちの考える論ともきっと一つになってくるだろうと思うのです。

そして、その先生が「エミールの最初の出だしに、『これは若い母親のために書いた』と書いてあるけれども、これは男性であるルソーの女性に対する一つの提言であろうと思う。しかし、ルソーは十八世紀の人だから、この二百年の間、女性の側から何の返事もなかったと思う。あなたの話を伺い、また著書を読んでいると、ルソーのエミールに対する、野村さんなりの返答ではないかと思う。そしてこれは、二百年後に出た一つの大きな時代の転換を画する考え方のように思う」と、こういうふうにおっしゃられました。

だから、今申し上げたように、やはり生きた人間を学んでゆく中からは、誰もが、ヨーロッパの方であろうと、どこの方であろうと、結局は一つになってゆくものがあり、理想とするものは同じだろうと、いろいろな評価をいただいた中から思ったことでした。

生涯教育の果たす役割

そして最後に、生涯教育の果たす役割についてですが、今日もここへおいでくださった方々は、生涯教育への期待や願いをお持ちになっておいでくださったと思います。個人的な問題を持っていらした方もおいででしょうし、行政の側から、今後生涯教育をどう扱ってゆくかということでおいでの方もいらっしゃるでしょうし、いろんな方がいらっしゃると思います。

一番最初に申し上げましたように、これまで二十回の大会はすべて教育の原点に戻るところから始めましたし、これは同時に生涯教育の原点でもあると思っています。教育と名のつくものすべての原点は、人間を人間たらしめるものが教育であってみれば、教育の原点は人間とは何かの問題になるだろうと思うわけです。

生涯教育に対しては、それぞれ個々の人々の要請、ニーズは違うと思います。例えば、子育てが終わって何か趣味を持ちたいとか、教養を身につけたいとか、何か資格を取りたいとか、また、ヨーロッパなどでは失業が多いですから、職業再訓練のための教育が、生涯教育の中心的な考え方になっているようです。そうしたニーズも当然含まれますし、さらに生きがいの問題や、老後の問題は、大事なこととして、当然追求するべきものだろうと思います。

しかし、今日私がお話ししましたことは、この生涯教育が果たす役割として、結論を申し上げますと、個々人のそうしたニーズを充たすのはもちろん必要ですが、その上になおかつ時代が要請しているものがあるということです。この時代がどういう時代なのか、この時代を私たちがどう受け止めて、どう答えてゆくのか、ということに対して、生涯教育が答えを持たなければならないと思っているのです。

科学革新時代の人間化

先程、現代社会の特徴についてお話ししましたが、現代の急速な科学技術革新の時代は、すべてが物化した社会になりました。機械化した人間。ロボット化した人間。

昨年ロンドン大学でミーティングを持ちました時、世界的にカウンセリングの活動をしていらっしゃるホクスター教授がおっしゃっていたことは、イギリスで、いわゆる優秀と言われる、ケンブリッジとかオックスフォードとかを出られた優秀な人が、最近、「自分が何であるか分からなくなった」というご相談に来られるそうです。機械だけを相手にしていますと、自分の人間性がどこかへ行ってしまうのでしょうか。機械人間になってしまうのですね。そして、人との対話もできなくなってしまうそうです。そういう人間が、日本にもどんどん増えていると伺います。

そのように物化した、ロボット化した人間は、もはや人間とは言えなくなります。そうした人間の疎外された社会をどう人間化していくかということ。この科学技術時代に、その要請、ニーズを充たしていく答えを用意しなければならないのだろうと思っております。

情報化社会の主体性

また、今は情報化社会であると言われますが、時代に遅れないために、次々に生まれる新しい情報を追いかけるだけでも、大変だろうと思うのです。情報の渦の中に巻き込まれますと、とかく人間は何がエッセンシャルで何がトリビヤルなのか、なにが第一義でなにが第二義かということが分からなくなってしまうと思います。価値観の多様化と言われますが、何が最も大事なのかが分からなくなってしまうと思うのです。新しい情報を、追いかけ追いかけしていくうちに、人間がその情報の渦に巻き込まれ、追いかけるだけ、流されるだけの人間になってしまいます。

情報というものは、本来人間がそれに使われるのではなく、使いこなし、さらにそれを生産し、それを消化していくのが人間だと思います。ところが今多くの人が視聴者の立場だけで、誰かが、特にマスコミが作って流す情報に対し、いわゆる商業ベースで流されている情報に対し、主体性を失っていると思うのです。そういう社会だからこそ、一人ひとりが主体性を取り戻して、誰かが流す情報、商業ベースで流される情報をただ受け手になるだけでなく、自分たちが自ら情報の生産をしていく側にまわる、そしてそれを流通し、消化してゆく、そういう主体性を取り戻す必要があると思うのです。

余暇社会における価値の選択

そして、余暇社会への移行。今本当に日本は結構なご身分だと思います。夏休みになると大学生や若者たちがこぞって海外旅行にでかけますね。見聞を広めることは、社会や世界感覚を身につける意味ではよいことなのですが、先程もお話ししたような、他国の文化や、他の民族が大事にしているもの、聖なるもの、尊ぶべきもの、そういうものに対して、それを汚すような行為を平気でする。そうした意味で余暇の使い方に問題が出てきます。余裕やお金があると、小人閑居して不善をなすという人間の一面があると思うのです。だから、この余暇の時代、余暇社会における価値の選択というものが大事になってくると思うのです。こうしたことへも答えを用意しなければと、私は思うのです。

高齢化社会への対処

それから高齢化社会の、生きがいとか自立という問題。最近急速に人間の寿命が延びました。職場の第一線を去ってから、子育てが終わってからの人生がとても長くなったわけです。するとそれに対して、自分自身が高齢化してくる問題と、高齢化社会を支える若者の側の問題と二つがあると思うわけです。若者たちがどう高齢化社会を支えるかという教育が大事になってくると思うのです。それは自分個人の問題として、自分が家庭に高齢者を抱えていくという問題として、また同時に社会問題として、どう高齢化社会を支えていくかの問題。さらに自分自身が高齢者として生きていく問題。こうしたいろいろな問題があると思うのです。高齢化社会に自分がどう生きるかという問題と、他者のそれに対してどうするかという問題、この二面に対して答えを用意しなければならないと思うわけです。

国際化社会——異質の統合

さらに国際化社会への移行。国際化社会になればなるほど、自己とは何か、自分の国とは何か、自分の国の文化とか歴史とか、そういったアイデンティティの問題が重要になってきます。人間は、それぞれの民族が、その永い歴史によって、文化によって、風土によって培ってきた、永く繋がってきているものを内奥に持っています。そこから自己とは何か、自分の国とは何か、自分の国の文化とは何かということを確立しておかないと、世界は「おじや」みたいになってしまうと思うのです。国際化ということは、言葉ができればいいという問題でもなければ、無国籍になるということでもありません。異質のものを統合する。まったくルーツも違い、文化も違い、歴史も違い、宗教も違う、そういう人々が一緒になっていくということは、互いの違いを認め合っていかねばならないということで、そのためには、まず自分とは何かをしっかりと確立しておかないと、他者をしっかり認めることもできないわけです。そして、その違ったものを統合していく中で、先程申し上げた第三の共同社会、第三のゲマインシャフトを作り上げてゆく。それが大事だと思います。

世界への日本の貢献

そして、その中で日本が世界にできるものは何か。

国際社会になればなるほど、自分だけのエゴでは通らなくなります。

私は、日本はその長い歴史や伝統文化の中に良いものをいっぱい持っていると思います。しかし同時に、閉鎖的な排他的なマイナスをも持っています。

私は、世界への最も大きな貢献は、やはり平和への貢献だと思います。まして唯一の被爆国である日本だからこそ。その平和への貢献を、私は日本の文化のソースをなしているもの、その哲学が、西欧の哲学にどう関わり、生きる人間の上に、生活の上に、どうより良い実証がなされるか。私はさまざまな国際活動の中で、それを試みているわけです。

日本は今、先進国で、工業大国で、そして経済大国でありながら、なおかつ軍事大国になっていない。そのような国は、歴史の中でも例がないと聞きます。平和憲法の下に戦争を放棄した日本が、諸大国の膨大な軍事費に比して、平和産業へ多大な投資をしてきたことが、今日の経済大国を築いた一つの要因でもありましょう。日本が経済大国であり、工業大国であって、なおかつ軍事力を持たない。それは世界が理想とする一つのモデルだと思うのです。

だからこそ、その持てるよりよいものを、他のために大きく貢献をしていくということ。持てる経済力で貢献し、なおかつ平和国家として、理想的なモデルとして、世界の平和に貢献してゆく。文化の根底にある思想や哲理をもって、それを世界の生きた人々の上に顕彰してゆくことにおいて——。

二十世紀という時代は、あらゆる面から見て、有史以来人類が経験したことのない時代、そして、実に危険な時代であると言えます。たしかに、宇宙開発や先端技術に見られる人類の英知の開発のすばらしさもあります。しかし、核を持った時代の危険。そして身近な食品公害から、大気汚染まであらゆる汚染の進み。また頻繁な異常気象。そういった精神的にも、物理的にも、さまざまな危険の中で私たちはこの時代を生きています。

だからこそ、そうした危険な時代を、未来がないかもしれない不安な時代を生きているのだという自覚において、その時代が要請しているものに対して、答えを用意しなくてはならないと思うわけです。

それが生涯教育の役割だと、私は思っております。

だからこそ、学校教育という一時期のものでなく、生涯かけて自己を知り、自己を創ってゆく作業、教育が大事だということです。そしてそれは、人間性を復活してゆくということ一大事においてです。

いつも私が強調しておりますことは、死期という限界があるのが人間個人の生命なのだということです。それゆえ生涯の設計の中にいつでも死期をいれておくべきだと提言しているのです。死期というのは必ず来るものであって、来るか来ないか不確かなものではないのだから、それを生涯設計にいれておけば、今日の一日々々が、一瞬々々が、どんなに貴重なものかが分かってきます。また、人生で出会う人々がどんなに貴重な存在かが分かってくる筈です。人生観が変わると思います。

私は、このことはより幼児期からの認識にすべきであると考えております。

母胎回帰——未来世紀を生きるために

最後に、私は、母胎回帰という言葉が好きなのです。母なる宇宙とか、母なる大地、母なる海とかよく言われますが、生命を生み出す母胎に帰ってゆくということの大事さを訴えたいのです。生み出された私たち人間なのだから。

それは宇宙でもあり、大地でもあり、海でもあり、同時に人間としての母親という母胎でもあります。だからこそ生命を、生み出したものと、生み出されたものの関係を、しっかりと見据え、その原点に帰ってゆく、今の時代に最も必要とされていることはそのことだろうと思います。

それを通してこそ、人間は未来社会を生きられるだろうし、共滅から共存への回避ができるだろうと、私は思うのです。

教えることの喜び

── 生き方としての教育 ──

教育は至上の芸術である

フレデリック・マイヤー

Frederick Mayer

1921年ドイツ・フランクフルト・アムマインに
生まれる
1936年アメリカ合衆国に移住
1942年南カリフォルニア大学卒業
1944年23歳で哲学博士
レッドランド大学で教鞭をとる
1963年から南カリフォルニア大学で
教育と研究に従事
英国学士院特別会員に選ばれる
1967年カリフォルニア州サンタバーバラの
民主制度研究センター特別顧問に就任
ウィーン国際文化センター副会長
1977年西ドイツの平和活動家
マリア・A・ルカー女史を介し野村理事長と出会う
野村理事長へオーストリア国営テレビ
教育番組への出演を要請
1978年野村理事長に、書下し原稿
「Education for greatness」を献呈　日本で出版
1988年ローマクラブのメンバーとなる

1

教えることには楽観主義が必要です。それはライプニッツ(Leibniz,1646~1716,ドイツの哲学者、数学者)の信条に代表されるような、それが恰《あたか》も世の中で最高のものであるというような意味ではなく、また、盛んに読まれている自立のための本などの底流となっているものでもなく、シュバイッツァー(Schweitzer,1875~1965,ドイツの神学者、哲学者、医者)に代表されるような、すべてを肯定することから出発する楽観主義というものが必要であるということです。生命に対する崇敬、人間性に対する献身、純粋な道徳の尊重、シュバイッツァーが持っていたこうした理想が、教育にとって最も大切な意味を持つのです。

楽観主義の基本には、人生に対する肯定があります。『われらの町』(Our Town)にあるように、私たちのほとんどは人生の瑣末な事象にとらわれ、苦しみ、それが故に存在の本当の素晴らしさに気付けないでいるのです。

教育は、人間を鼓吹するひとつの形態であります。生徒はそれによって、自分自身の創造力や本来の豊かさに気付くのです。知識を単なる事実の集積と見做すことを止め、知への欲求は限り無い未知の世界への行脚《あんぎゃ》であることを知るのです。また、理想というものの永遠の生命力に気付き、そして、自分自身が学ぶことの主体者であることを認識するのです。つまり彼は、文化創造の事業の参加者となるのです。

この鼓吹という側面がなければ、教育は単調な実習になってしまいます。或いは、不活発で想像力に欠けた、口先だけで教育を語る人間のためのものになってしまいます。

目覚めた教師には落胆するということがありません。彼は未来や人間の可能性に対して決して悲観的になりません。スラムに在れば、彼はそこに社会変革の可能性を見るでしょう。特権階級の人々の中に入れば、彼はそこで質素の意味を育てようとすることでしょう。障害を持つ子供たちを扱う時には、彼は真の障害とは視野の狭さと限界であることを教えるでありましょう。優秀な子供たちには、謙虚さの意味と社会的責任を教え込むことでしょう。彼が大人の社会人を教える時には、彼は永遠の若さと生命力のシンボルとなるでしょう。職業訓練学校においては、彼は人間性を自由に解き放つことができる、知識というものを用いる力を鼓舞するでありましょう。

目覚めた教師は、因習と服従というものにとっては手強い敵です。彼は、集団への盲目的固執と個性の否定が文化の後退につながることを知っているのです。彼は、教育の過程に最も重要なのは単なる知識ではなく、創造的な想像力であることを知っています。また、学ぶ者すべての内に人生を豊かにする生き生きとした創造力のきらめきがあることを知っています。そのきらめきを発見することは真実を発見することであり、逆に、それが見出せなければ人間存在の中心をなす真実を見出せないということになるのです。

なぜ、創造力豊かな子供たちが、成長するにつれてこんなにも精彩を欠いた大人に変わってしまうのでしょう？なぜ、個性的な子供たちがみな、他人に追従するばかりの大人になってしまうのでしょう？　なぜ、活発な青少年たちが、二十年の後にはこんなにも元気を失った人間になってしまうのでしょう？　この悲しい変化の理由は、私たちが後生大事にしている価値観の中にあるのです。私たちは安易な成功を求めます。私たちは、物質的豊かさが永遠に続く満足を与えてくれると信じています。私たちは功利主義と実用主義の囚われ人となっているのです。そして私たちはみな、失敗すれば失望し、その場の欲求が満足されてもまた、決して充たされはしないのです。

ソロー（Thoreau,1817～62,アメリカの思想家、随筆家）がウォールデンにおいて観察したように、余りにも多くの人々が、自分は無用の存在であるという感覚に苦しんでいます。

「諦念と呼ばれるものは、動かぬ絶望の謂である。人は絶望の町からさらに絶望の国へ入っていく。そして、自分自身を慰めるため、派手なミンクや麝香鼠《じゃこうねずみ》の毛皮を身に纏《まと》わなければならなくなる。陳腐な、しかし無意識の絶望は、人間の遊びや歓楽と呼ばれるものの下にさえ隠されている。そのようなものの中には真の楽しみはない。それは仕事の後にのみやって来るのだ。しかしそれは絶望的なことをしないための智慧なのである。」

「教養問答的言葉を使うならば、我々が人間の目的や人生の真の必要性と意味は何かを熟慮する時、人間は恰《あたか》も故意に共通の生活様式を選んできたかのように見える。それは何よりもそれを好んだが故である。彼等は正直に他には何の選択も残されていないと考えるのではあるが……。しかし、奥なる自然は太陽が明らかに昇ったことを憶えている。偏見を捨てるのにはまだ遅くはない。何の証明もなしに信頼し得る考え方も行動様式もないことは、古来から

1977.7. 対話するマイヤー博士と野村理事長（オーストリー・ウィーンの博士の研究室にて）

の真実である。すべての人が口に出したり、心の中で、今日真実としていることが、明日には誤りに変わってしまうかもしれない。ある人々が我々の大地を潤す恵みの雨を降らす雲だと信じていたものが、単なる煙と化してしまうこともあるのである。」

2

私が大学を卒業する時、私のひとりの友人は教師になることを志していました。しかし彼は教師にはならず、ビジネスの道へ進むことを選び、大会社の副社長になりました。卒業してからも、私たちは年に一度ほどは顔を合わせていましたが、最初の頃彼は自分の仕事にとても満足していることが私にもよく分かりました。彼は私などとは比べようもないほどの財産を築きました。いつも最新の車を乗り回し、高価な背広を身につけていました。そして、常に回りに成功者の雰囲気を撒き散らしていたのでした。

最近になって彼と再会した時、彼はあまり元気には見えませんでした。蒼い顔をして、額には深い皺が刻まれていました。彼は自分が胃潰瘍であることを私に打ち明けました。医者は心配はいらないと彼に告げましたが、無駄でした。夜も眠れず、家族といても安らげない日々が続きました。会社で彼の下にいる者たちが、彼の座っている椅子を

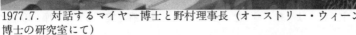

虎視眈々と狙っているので、息をつく暇もなかったのです。さらに悪いことに、彼は自分の人生に意味を見出せなくなっていました。「ただ金を稼ぐことだけさ。それでは自分の創造への欲求を充たすことはできない。」そう彼は私に話したのでした。

私は、彼の真の問題は、価値の問題なのだということを悟りました。彼は、自分の生活がどれほど社交クラブを中心にしたものだったか、どれほど出たくもない会議に出なければならなかったかを、私に説明して聞かせました。彼の仕事は彼に多くの旅を余儀なくしたので、彼は家族からも離れなければなりませんでした。ああ、どれほど彼は、熟思黙考する時を切望したことでしょう！　一年もの間、良い本を読んでいないことを、彼は私に告白したのでした。

今や彼は、これまでの人生のすべてを振り返る時を迎えていました。自分の為したことすべてが虚しくはなかったか。すべてが悪循環ではなかったか。彼は確かに年間九十万ドルは稼いでいました。しかし、それでも彼は収入以上の生活を送っていたのです。彼は自分自身に、一体自分が真に為したことは何だったのかと問い掛けました。そしてその問いに対する満足な答えは、ついぞ見出せなかったのでした。

彼はこれまでになく時の短さを思いました。昔は限りないと思っていた時が、今、彼にはとてつもなく貴重なものに思えるのでした。医者は彼にヨーロッパにでも行くことを勧めましたが、仕事が彼にそれを許しませんでした。彼は私が教師であることを心から羨ましがりました。長い休暇がとれ、多くの興味深い人々と関わり、そして未来のために何かができるということはなんと素晴らしいことか、と。

私は彼のことを思うと残念でなりません。彼は大学時代、仲間の間で最も成功する人間だと目されていました。しかし、今の彼は敗北者にしか見えません。彼は古くからの伝説から次のような話しを引用して私に語りました。

「ひとりの召使がバクダットの市場に行き、そこで死の顔を見た。当然彼は恐れ戦《おのの》き、急いで家に戻り、主人に『馬と食料を下さい。それで私はサマラに行きたいのです』と哀願した。主人は心優しい人間だったので、召使の願いを聞き入れてやり、召使はサマラに向かって旅立っていった。それでその時は、召使は死から逃れることができた。しばらくして、その主人は市場へ行き、彼もまた死と出会った。彼は死に尋ねた、『なぜお前は私の召使をあんなに脅かしたのだ』と。死は答えた、『バクダットで召使と出会った時、驚いたのは私の方だ。なぜなら、彼とはあの日の夜サマラで会うことになっていたからだ』と。」

私の友は言いました。自分もこの伝説の中の召使のように、もうそう長く生きることはないだろう、と。私は「そんなことはないよ」と言って彼を励ましました。しかし、その一週間後、私は彼が心臓発作で逝ったことを新聞の記事で知りました。私は彼が別れる時最後に言った言葉を忘れません。彼は言いました、「私は教師になればよかった」と。

3

かつてピタゴラス（Pythagoras,B.C.582～497,ギリシアの数学者、哲学者）は、人間を次のように三つに分類しました。ある人々は名誉を求め、またある人々は富を求める、しかし、最も分別ある人々は智慧を求める、と。教えるということは生命の本質に対する興味を持つということです。教えることは、智慧の追求なのです。

知識は量り得るものです。なぜならそれは事実と実証によるものだからです。そしてその進歩は分析によります。智慧は理性と共に感性や直観によるものです。そして智慧は洞察を基盤とします。それは物事の本質と深く関わっています。従って、智慧はフォーマルな教育によるものではなく、あらゆる階層の人に開かれたものなのです。

エマーソン（Emerson,1803～82,アメリカの思想家）はかつて、教師には二つのタイプがあると言いました。ひとつは経験主義的教師で、彼等は物事を外側から教えようとします。もうひとつのタイプは、詩人や神秘論者のような教師で、心からの言葉を語ろうとし、人生の基本に迫ろうとします。

教えることの喜びとは、友人を作る喜びです。旧態依然とした教育は、威厳とか無関心の重要さを強調しますが、それは誤った態度です。なぜならそれは教師と生徒の溝を広げ、人為的壁を作るからです。

私は自分がドイツのギムナジウムでフランス語を習った教師を思い出します。彼はまるで支配者のようでした。彼が教室に入ってくる時、私たちは一斉に立ち上がり、もたもたしている者は罰せられました。彼は私たちに一度に二頁のフランス語を暗記させました。私たちが間違えると、彼は私たちを怒鳴りつけ、時として、皮肉に満ちた辛辣な言葉を投げつけました。彼が試験を行う時には、私たちは震え上がったものです。彼が微笑む顔は、一度も見たことがありませんでした。

それに引き替え、私がドイツ語を習った教師は、まるまると太った、まるでサンタクロースのような人でした。彼は、私たちが自分自身で考えることを助けてくれました。彼が行う試験は、公平で意味のあるものでした。彼は私達の友人であり、困った時にはいつでも彼のところへ行ったものです。彼はユーモアのセンスが豊かで、私たちはいつも生き生きと勉強しました。彼の授業はいつでも型破りでした。彼は日曜日には自宅を開放し、卒業生たちも彼を懐かしがっては戻ってくるのでした。

彼が亡くなってもう久しくなりますが、私は今でも彼のクラスにいるような気持ちで彼を思い出します。私は一度フランス語の成績があまりに悪くて落ち込んでしまったことがありました。その時彼は私をお茶に連れ出してくれ、こう言って励ましてくれました。「覚えておきなさい。勉強というものは戦争と同じで、最初がどうだったかということはさしたる問題ではない。重要なのは最後に勝つか否かということなのだ。」

教えることの喜びは、未来を先取りするということの中にあります。真の教師というものは決して歳を取りません。私は、友人であり、自分のことを教育界のビリー・サンデーと呼んでいたカリフォルニア大学のハート博士のことを思い出します。彼は引退し、健康も思わしくないのにも関わらず、数え切れないほどの会合に出席し、大衆教育の重要性を説いています。彼はインターナショナルな大学を夢み、その構想が彼の若さを保っているのです。普通、彼ぐらいの年齢の人々は、ホテルのロビーに座って無聊《ぶりょう》を慰めていたり、ブリッジに興じていたりするものですが、彼は今週はニューヨーク、来週はカリフォルニアといった具合に、常に活動的で、新たな計画や次に出す本のことを考えているのです。彼は言います。「私は百五十歳まで生きたい。私は自分の教育を始めたばかりなのだ」と。

私たちの文化の中においては、ほとんどの人々が持つ意識は明らかです。多くの人が自然の美を認めず、文明の真の美しさを知りません。真の教師にとっては、すべての事象が重要な意味を持ち、美とは掛け離れた理想ではなく具体的な実在なのです。芸術家のように、彼は生徒たちに物を深く見、自分の意識に目覚めることを教えるのです。教育は至上の芸術です。それは皮相的なものを超越することを意味します。それは教師と生徒の間の実存的な結びつきを意味します。単に知識を施すというのでは不充分なのです。もっとも重要なのは、マルチン・ブーバー（Martin Buber,1878～1965,ユダヤ人の哲学者）がいみじくも著したように、「我と汝」という関係なのです。

真の教師は、過去を現在の一部と捉えます。ヨーロッパの学者はしばしば、私たちが歴史と文化の今日的重要性を強調することに驚きを表します。本当のことを言って、私たちは今日でさえ、二十世紀というものを充分に捉えているとは言えないし、生徒たちの知識の最も弱い部分は、往々にして自分たち自身の文化に関わる部分のものなのです。アテネ人が、バビロニアの学者の、さして重要とも言えない仕事から学ばなくてよかったということは、なんと幸運なことであったでしょう。アテネ人が彼等自身の問題を出発点として取り組めたことは、未来の文明にとってなんと重要なことであったでしょう。彼等が、人間と、価値の相対性を強調したことは、なんと重要な貢献であったでしょう。

真の教師は、彼の主題を情熱を持って愛します。そうすることで、過去は現在よりもっと身近になるのです。シカゴ大学で学生たちがワイルダー（Wilder,1887～1975,アメリカの小説家、劇作家）がペロポネソス戦争について語るのを聞いた時、彼等はほとんど自分たちが二十世紀に生きていることを忘れました。特に大きな感銘を受けた学生のひとりは、現在、世界史の教師になっています。彼の授業があまりにも印象的なので、彼の生徒は授業が終わってもなかなか教室を去りません。彼等は授業終了のベルが鳴るのが残念でならないのです。私はその中のひとりの生徒に、その授業の感想を尋ねました。彼の答えはこうでした。

「先生は歴史をベストセラー小説にしてしまいました。」

今日、日本の教育は世界をリードしています。日本の人々は学ぶことに対する情熱を持っています。

野村生涯教育センターは、そのような日本の偉大さの象徴であると私は思っています。

対　　談

「死」を含んだ生涯設計

私は「死を含んだ生涯設計」を提唱しています。すると、「生」はまったく新しい意味をもってきますから

神様は平等に死を与え給うたということが分かると、死から教えられるものは大きいと思いますね

(財)野村生涯教育センター理事長
野村　佳子

聖路加看護大学学長
日野原　重明

教育の問い直しから

野村　今日は対談に「死を含んだ生涯設計」というテーマを選んだわけでございますが、これは私がいつも講義の時や講演の時に提唱し続けていることでございまして……。

日野原　そうですか。

野村　もともと、私たちは教育のボランティア活動として出発しましたグループです。一九六二年頃、ちょうど日本が高度経済成長期に入り始めた時期に、昔の日本にはなかったような青少年の不幸な問題が起こってきましたものですから、そういう状況の中から教育の問い直しを始めたわけです。その中で、今日の教育のひずみと言うか、教育の欠落と言うか、そんなものが見え始めてきたのです。

日野原　先生はなぜ教育に関心を持たれたのですか。先生の前歴として、教育にタッチしておられたというようなことがおありだったからですか。

野村　いえ、そういうことではございませんでして…。

日野原　むしろ家庭の側から……。

野村　よくそのことでご質問を受けるのですが、私はまったくの家庭の主婦でございましたから、前歴にそういうものはございません。ただ、私は子供が好きでしたから、子供が不幸になっていくのを見ますと、なんとかしなければと思いました。また、私は学ぶことが好きでしたから、何でも勉強をしたいと思って、いろいろなものに首をつっこんではいました。そうした中から、単に自分の趣味とか教養とかの勉強ではとてもこの教育のひずみに対して解決への道は見出せないのでは、もっと真剣に、公教育をも含めて、教育とは何だろうということを追求しなければならないと、そういうところへつながっていったように思います。

日野原　今まで日本は、教育というのは学校がするものだということが非常に強く打ち出されてまいりましたね。

野村　はい。十九世紀以降百十何年の歴史が、すべて学校教育中心でございましたからね。

日野原　そうでしたね。あれは明治維新の時の、見事なプランニングとシステム作りで成功したのですが、しかし、そのためにかえって学校でないと教育はできないというような感じが日本には生まれましたね。

野村　学校即教育になりましたからね。その学校教育に、もし正しい教育がおこなわれているのなら、こんなに子供たちのひずみなどは生まれてこないのではないか、そんなところから私たちの疑問が生まれてきたのです。そして、そこに人間が置き去りにされた教育というものが見えてまいりました。

日野原　教育ということになりますと、福沢諭吉先生が「本当の学校は家庭である」ということを言われています。両親の生活像が子供を作るのだという意味で、学校はむしろ第二の教育の場であるということを、明治十一年の教育論に書いておられます。その中では、家庭の習慣というようなものを非常に重要視されている。その習慣の中で子供が育っていくのだということを、両親はもう少し認識すべきだということを強く言っています。

野村　それは今もまったく変わりなく、また今こそ、それが復活してこなければならないと思います。それが基礎教育ですものね。

日野原　そうですね。ところが、段々段々、その家庭が崩壊してきています。また核家族化してきて、おじいちゃん、おばあちゃんとの接触が少なくなりました。日本人の夫婦の子供の数の平均は今1.7人ということですから、兄弟があまりいない中で育つ子供が多いのです。今後ますます日本の家庭が問題を抱えていくという中で、ではどういうふうに家庭教育をするのか、或いは、学校を出た後の学習をどう持つかということは大きな問題ですね。

野村　そうですね。ですから、一生のうちのほんの一時期の学校教育だけを教育のすべてだと見てきた教育観に大きな間違いがあったことが分かってまいりまして、就学以前の家庭における教育と、学校を出てからの成人教育とか社会教育とか、これらをすべてトータルして教育は見ていかなければならないのではないか、というところに到達したわけなのです。

日野原　文部省がやっと昨年、生涯学習局を作るということになったわけですが、先生はそれよりも二十年以上も前にそのことを提唱なさったということですね。とても早かったわけですね。

野村　早かったと思います。その頃は、「生涯教育」と言いますと、まず、怪我の「障害」ではありませんと字の説明からしていきませんと、分かっていただけなかったわけです。最近では、それはもうなくなりましたけれども。

日野原　日本の医学の世界では、過去十年位の間にそのことが言われるようになりました。医学校での勉強というの

1989.2.14.　対談当日　銀座「八百善」にて

はほんの走りで、臨床をやりながらの学習が本当の学習だから、私たちはコンティニュード・エデュケーションという言葉を使いました。これは継続教育、つまり生涯教育のことなのですが、そういうライフロングの教育こそが医師には絶対に必要な教育です。学校教育は本当にスタートラインについたにすぎないということから、最近、生涯教育を医学の中でどうやるかという方法論が、やっと言われるようになってきました。それまでは、ただ講演会があっただけです。ただ聞きにゆくというだけのことで、本当に自分の血になり肉になるものが得られるような方法論が確立されてなくて、効果的でない教育に終わっていたのですね。生涯教育という言葉が普遍化されるにつれて、生涯を通して何を教育するべきか、或いは、自分が何をゴールにするかということが考え出されてきました。

野村　そうですね。

日野原　長い生涯をとおしてのゴールというものがないと、学習は続かないですからね。そういうゴールを設定するということになると、どうしても、価値とか、意味とか、そういうものが大事になってきますね。

野村　ええ、ええ。

日野原　ただ偉くなるとか、技術を持つと便利だからということではなしに、何のために学ぶかということですね。また誰のために学ぶのかということも、一緒に問われるようになってくると思いますね。

野村　ですから、今の学校を中心にした教育が、いかにただ成績のためだけ、良い学校に入るためだけ、就職のためだけになっているかということですね。目的が失われているのですね。

日野原　そうですね。目的は学校に入るということだけですからね。

野村　成績だけが目的になっていますから、人間が不在になってしまうのですよね。それが一番大きなひずみだということが分かってまいりましてね。生涯教育には、勿論、生涯を通じてということが大きな要点としてありますけど、もうひとつに、教育の中身を問うていくということ。先程先生もおっしゃられた価値や意味。今、その中身を問うていかないと、将来に大きな禍根を残すだろうと思うのです。今でさえ、こういう状態ですからね。そういうことが私、一番の心配になって、そのことが活動の中心になっています。

甘えている若者―大人社会の反映

日野原　学生の時には親が授業料を出してくれる、それだから、休講になったりすると学生は喜んで遊びにゆく、というふうなことが、今の日本の大学ではよく見られますね。

野村　そうですね。

日野原　アルバイトのお金は外国旅行のための、遊びのためのお金で、学費は親が出すのが当たり前だという、非常に甘えた考えがあるわけですね。私が十年間ボランティアと接したり、指導したりして感じることは、ボランティアになって初めて、学ぶというのはこういうことかということが分かりだす人が多いということです。学生の時には分からなかったというのですよ、学ぶということの意味が。

野村　私、外国へまいりますとよく、日本の学生ほど甘えている学生はいないという非難を耳にするのです。何もかも親から出してもらって、車まで買ってもらって、それで遊びまわっているというふうな印象をよく言われるのです。

日野原　医学の方では、私学に行くにはお金が掛かる。それで、息子が国立の医学校に入ってくれるとあまりお金は掛からないというので、それじゃあ贅沢な車でも買ってやろうかという、親までがそんな考えになっていますね。

野村 ですから、本当に教育を追求していった時に、子供が悪いとかなんとか言うけれど、その前に、やはり、これは大人社会の反映なのだとつくづく私は思いました。親の価値観とか、親の意識とか、親の生活態度が、最も大きな下敷きになっての子供社会なのだという感じがいたしまして、そこから、大人である私たち自身から学習し直そうということで活動を始めてきたわけです。

日野原 今までは学校を出るとそれでもう学習は終わりでした。勿論、その頃の日本の生活は生きるだけで大変で、ことに主婦は子供が五、六人いると、子供の世話、主人の世話で本を読む時間もなかった。明治、大正、昭和の初めといった凄まじい時代を、みんな勤勉によくやってきたと私は思うのです。だから、お母さんが勉強している姿を昔の子供は見ることができなかったわけです。お母さんはよく働くというイメージでしたね。しかし今、子供が少なくなって、主婦も若干の時間ができるし、殊に四十を過ぎると、自分で選択して使える時間が昔の何十倍も増えてくる中で、その自由な時間をお母さんやお父さんがどういうふうに選択しているかということを、子供は見て育つわけですね。

野村 そうでございますね。それで、そういう大人たち、特に母親たちが、その時間を子供たちの手本になるような勉強の仕方、生活の仕方をしていないように思うことが多分にあるのです。

日野原 そうですね。でも、子供は見ている…。

野村 ええ、見ているのですからね。やはり、経済指向の中で働きに出ることもいいことかもしれませんけれど、子供を置き去りにしているという感じがすごくするのです。心まで置き去りにしていることを。遊びをするにしても、スポーツをするにしても、子供は付属品になってしまって、自分の喜びだけ、楽しみだけでやっているという、母親たちがそんな傾向になってまいりますとね、やはり暇があってかえって悪くなるような…。

日野原 実際そうですね。

野村 それがともかく心配でございますけれど。

老後は幼児期から作られる

日野原 日本では、子供の頃から塾で勉強して有名校に入ろうとみんな競っている。そして、学校を出ると有名な会社、或いは官庁に入ろうとする。そこに入ると、忙しい社会の中の歯車になって、夢中で二十年三十年が過ぎていきますね。男性の場合は殊にそうですが、だが、女性もだんだんそういう仕事を持つようになってきました。そして、六十、六十五になって、定年があり、子供たちも独立して家を出ていくといった状況下に、親は空漠な気持ちを持つようになる。それは体験した人だけが分かるのですがね。日本人の寿命は今非常に長くなって、女性が八十一歳、男性が七十六歳に近づこうとしています。そうなると、五十歳を越えてからの人生が三十年も、あるいはもっとあるわけですからね。

野村　そうでございますね。

日野原　それまでの生涯は、会社のためだとか、家庭のためだとかということで、自分が自分の時間を選択するというよりも強いられて、すべてを義務としてやってきた。それが五十、六十になって急に時間ができる。その三十年、あるいはそれ以上の日時を、自分で使い方の選択をしなければならなくなる。どのような環境に自分を投じて自分を作ってゆくか、或いは、社会のためにどのようなサービスをするか、といったことはそれまでは全く考えずに生活する人が多いので、五十、六十になった時には、もうそういうことが考えられない人間になっているのですね。

野村　そうでございますよね。ですから私は今、「老後は幼児期から作られる」ということを言っているのです。本当に知育にしても、徳育にしても、体育にしても、すべて今先生がおっしゃったように、五十、六十になってから始めても遅いのですよね。ですから、やはり幼児期から一生涯の設計を立てて進まなければということを主張しているのですけれど、今までどうしても、五十年、六十年という生涯設計だけできたものが、まだ改められていないのですね。だから、この新しい時代に対して、きっと今、新しく打ち立てなければならないのが生涯設計だと思うのです。

死から生を考える

日野原　ただ、若い人が生涯設計という場合にね、自分たちはまだ現役のさ中にあるから、将来の自分を考えてみても、今のような状態が続けばいいというふうな安易な考えに流れていくわけでしょう。

野村　ええ、本当に目先だけの……。

日野原　それは、私たちの生涯が有限だという、我々は死ぬ存在であるという実感がないからですね。人間の生涯は限られているという事実は分かりきっているのだけれど、それが実感として、どうしても感じられないのですよ。そういうことが、私たちが長い生涯を考えた上での一貫した学習態度を持ち得ない原因のひとつではないかと思うのですがね。

野村　それから今まで死をタブーにしてきたものがございますね。

日野原　そうです。

野村　死というものは誰もが避けられない、確実に将来に待っているものですからね、私は中学校などに講演に行きましても、一生涯の図を書きまして、「あなたたちはまだこの図の一番初めの方にいるわけだけど、死だけは絶対に平等に来るのだから、それをちゃんと生涯の設計の中に入れておきなさい」と言うのです。「そうすると、生きているということがもっと別の意味を持つようになってくるから」と、子供たちにも言っているのです。

日野原　曽野綾子さんは臨教審の委員をされました。私はよくご一緒することがあるのですが、いつか科学技術庁でお会いした時に、「先生、私はもうがっかりですよ」って言われるのですよ。何故かというと、曽野さんが臨教審で「子供の時から、死というものについて教育するようにして欲しい」と発言されたのに、誰もとりあってくれなかったと言われるのです。

野村　そうですか……。

日野原　「子供に死なんて」っていう感じがあるわけなんです。死は忌まわしいもの、嫌なもの、避けるべきもの、ということがあるので、それを純情な子供の時から教えるなんてとんでもないというふうにみんなが考えるのですね。

しかし、曽野さんもおっしゃるのですが、今の子供は死に触れる機会がないわけですね。兄弟も一人か二人で、兄弟が死ぬことはまずないし、死の近いお祖父さんやお祖母さんなどとも一緒に住んでいない。だから、死は映画とかテレビで見るだけで、リアルに触れられないのですね。

野村　そうでございますよね。

日野原　また、家族が病気をしても、すぐ病院に入れてしまって、家で養生しないから、子供や若い人はたまに面会に行くぐらいで、病むことや死ぬプロセスを身近に見ていないというわけですね。だから私はこの頃、「小鳥や動物を飼いなさい」って言うんです。そうすると、子供が好きな小鳥が、歳をとると死んでしまう。好きな犬がやはり年老いて死んでしまう。そういうことを子供が見ながら、心から悲しんでそれと別れる。そして、人間もまた同じで、自分の親も同じなのだと感じる。何か、死というものを根拠に、逆に生を考えるということができるのですね。自分は今は元気だが、最後には弱って死んでしまう。そんなのは嫌だから考えないというのではなしに、私たちは皆死ぬのだというところから、それでは死から遡って、生きる姿をどのようにレイアウトすればよいかを考える。死から生を考えるという思想が、生まれてくるのですね。

死を含んだ生

野村　ですから私も、受胎から始まって、胎児期があって誕生し、それから乳児期、幼児期、児童期少年期、青年期、壮年期、老年期、そして死期までの人間の一生を図表に書

いて、国際フォーラムの時なども、それを英語、フランス語、ドイツ語に翻訳して、その図表を使ってユネスコ本部でも講演しましたけれどもね。それを国内でも、十年、二十年続けてまいりました。そうしましたら、この間、長野に講演に行きました時、長野の教育行政でこれを基本に生涯教育の計画を立てたいとおっしゃっていました。ですからやはり、〝生〟を浮き彫りにするためには、〝死〟を表裏一体にして見ていくことが重要なのだということを声を大にしていったら、きっとやがては日本の教育もそれを取り入れるのだろうと、私は思うのですけれど。

日野原　死のことでは、井上靖さんが父親の死について『忘れ得ぬ人』という随筆を書いておられますね。

野村　そうですか。

日野原　その中にね、自分はこの歳になるまで死を考えなかったと書いているのです。父が屏風になって死の海の前に立ってくれていた。だから、自分には死は見えなかった。だけど、父が亡くなったら、目の前に死の海が見えだして寒々したと言われるのです。

野村　そうかもしれませんですね。

日野原　やはり自分の前に死があるんだなという、そしてゾクゾクするような気持ちを実感として持ったといわれるのですね。私は講演をする時に、「みなさんは今、前を向いて私の立つステージに向いておられる。私の後ろにはステージの壁がある。この壁のカーテンを全部開けますと何が見えるでしょう」という話しをします。そして、「そこは死の海ですよ。こういうふうに私が話している一刻一刻、みなさんは前進しているんですよ。そして、自分がそういうふうに前進していって、段々残り時間が少なくなっている自分を感じたら、今の時間を一体どうすればよいかということを、もっと考えてごらんになったらどうですか」と言うのです。そうすると、「ああそうか、私は死など忘れようとしていたが、やはり先の方には見えない海があるんだな」ということに気付く。そして、神様はみんなに同じように平等に、死を与え給うたということが分かると、死から教えられるものは実に大きいと思いますね。

野村　本当にそれは大きいと思います。人間というものは、失ってみないとその価値に気付かないというところがあります。だから、それを前提に考えられるような生き方をすべきだと思いますし、子供たちにもそういう話をしますと、やはり、立ち止まって考えますね。よく分からないけど、何か胸にズーンと入ったような気がする、と言った子供たちもいました。それから、「あなたたち、学校が嫌だとか、友達が嫌だとかいうけど、生きている間だけしかできないのだし、生きている間だけしか出会えないのだから、それがとても貴重なんだよ」と言いますと、やはり、ちょっとでも考えてくれるようになります。だから、講演の折でも何でも、そういったことを語りかけていくということは大事でございますね。

欧米のホスピス

日野原　私は十年位前から時々英国のホスピスを訪れます。そこでは人間の死ぬ最期のシーンを数多く見てきました。英国のホスピスというのは、十人、二十人が一緒の家の中に住んで、そして、そこで死んでいく。癌の末期の患者が多いのですが、最近はエイズの患者さんもそこに入るようになりました。向こうでは九割が病名を告げられていますから、自分の命がもう残り少ないことをみんな覚悟している。そして英国などのホスピスでは、痛みのコントロールが見事なんですよ。

野村　そうでございますか。

日野原　骨の癌でも痛くないんですから。日本でも痛みの治療方はいろいろと発達してきましたが、まだ不充分です。患者が無用に苦しむことを医学はどうして避けさせないのかと、私は欧米の医学を見ると思いますね。日本では、辛抱しろとか、辛抱できなければ注射をしてあげるとか、痛みと戦わせることを当然のこととしているようですが、人間は痛い時には考える葦ではあり得ないですよ。

野村　そうでございますよね。

日野原　人間らしくあるためには、やはり肉体的苦痛は取ってあげないと。

野村　そういう時に、欧米と日本との違いというのは何なのですか。向こうではどういうふうになさるのですか。

日野原　極めて上手にモルヒネを使います。それでもモルヒネ中毒は起こらないのです。何回使っていても。

野村　そうでございますか。

日野原　それで意識ははっきりしている。痛みが止められて死ぬ手前まで正気で話ができる。ぼやーとして、昏々と眠っているのではないのです。

野村　日本の医学ではそれはできないのですか。

日野原　日本ではほとんどの方が、昏々と眠っているような状態で死にますね。苦しいから注射でもすると、もうずうっと植物人間のような状態になる。ところが外国のホスピスに行きますと、本当に忽然として死にますよ。痛みのコントロールが上手だから。同室の患者さんが死ぬと、あんなに楽に人間は死ぬことができるのかと、そういうふうに思うそうですね。私が、同じ部屋で人が亡くなると恐怖があるんじゃないか、とホスピスの所長に聞きましたらね、そんなことはない。「友達が楽に死んでいったように、私も安らかに死んでいける」という答えが返ってくるそうです。

私は、初めは安らかに死ぬようにするところがホスピスだと考えていたのです。ところがそうではなかった。残された日々は何日もないかもしれないが、今日という日に生きる望みを与えているのがホスピスなんですね。

野村　では、痛みのコントロールの問題だけではなくて………。

日野原　そうではなくて、今日を生きるということ。

野村　そうでございますか。

日野原　例えば、子供のないおばあちゃんがいるんですね。乳癌の転移が骨にあって、骨はもうボロボロになっている。

しかし痛み止めをしているので痛みはない。そこでボランティアがおばあちゃんの可愛がっていた犬を連れて来るのですよ。そうすると、朝から晩まで、ペットを抱いて、頬づりをして、話をしているのです。そして夕方になるとボランティアがきてペットを連れて帰る。その時「あさってまた連れてくるわね」と言うわけなんです。すると、その患者さんは子供がクリスマスの日が来るのを待つように、もうひと晩寝るとあのペットを連れて来てくれるんだという気持ちを持つ。そうやって生きることを助ける何かがあるんですね。この人の命はもう朽ちていくのだけれど、望みを持って生きる生きがいをどうすれば与えられるかということを、そこの所長や看護婦さんや牧師や神父やその他の人々がみんな一緒になって考えている。協力しているのですね。無駄な点滴などは一切やらない。日本の病院では点滴、注射をしないと収入が少なくなって経営ができなくなるでしょう。

野村　そうでございますね。

ボランティアが支えるホスピス

日野原　外国でもホスピスの活動はボランティアに支えられている点が大きいのです。例えば、銀行家はリタイアしてからホスピスの会計簿を見るというようなボランティアをやる。またある人は、患者さんが入退院する時の送り迎えのボランティアをやる。夜中に患者さんがプディングが欲しいと言うとボランティアの当直の人が夜中にでもプディングを作って食べさせる。

野村　そうすると、病院には医師がいらっしゃいますね。そして看護婦さんがいらっしゃいますね。それ以外にボランティアの方がいらっしゃるわけですか。

日野原　そうですよ。私が去年の秋に行ったバンクーバーの近くのヴィクトリアアイランドのホスピスでは、僅か八人の入院患者に対して百人のボランティアがいました。

野村　…………。

日野原　そして、それ以外にボランティアの医師、ボランティアのナースがいる。週休二日のうちの一日を、私はホスピスのナースをしますとか、ホスピスのお医者さんが学会に行ったりする時にはボランティアのお医者さんが、私が留守番をしてあげますって言うんです。そして、家庭の子供には、ママは今日はホスピスに行っているとか、パパはこういうことだということを話して、そういう中で子供が成長するわけですね。

1988.8.5.　日野原氏　カナダ、ヴィクトリア・アイランドのホスピス訪れた折

野村　私もよく外国へ行って感ずることですけれど、主婦たちが子供が育ち上がったら、必ず何かボランティア活動をするというのが常識になっていますね。

日野原　常識ですよ。

野村　ところが、それが育っていないのが日本だなって思うのです。これだけ経済的に豊かになっても、自分のためには時間もお金も使うけれど、人様のためにそれらを使おうとする体質が育っていない感じがして、非常に大きな相違点に見えるのですけれど。

日野原　一番の原因は、身近にそれをしているお母さんがいない、お父さんがいないということじゃないですか。説教をしたり教えたりするよりも、例えば金曜日の夜はボランティアで遅くなるから、あなた一人で夕食をとりなさいというふうにすれば、金曜日はいつもお母さんはボランティアでいない。自分も高等学校に行ったら何かやろうか、というふうに、すんなりとそういうことに乗っていけるんじゃないでしょうか。

野村　昔の日本は共同社会でしたから、社会全体が助け合っていたって感じがするけれど、最近はシステムだけが欧米化してしまって、そうした中身が……。

日野原　もう都会では殊に、完全に遊離していますね。ただ知っている人というだけで、お互いがお互いのことを何も考えない。

ボランティア活動の動機

野村　先生がご本にもお書きになっていらしたように、先生はお父様もお母様もクリスチャンでいらして、人様のために奉仕するということが日常になっていらした中から、先生もそうしたことが自然におやりになれるようになったのだと思います。私が特に感激いたしましたのは、先生がお母様のことを、本当に苦労だけさせて、楽しいことを何もさせてあげられなかった。それを今、人様に、社会に、奉仕することでお母様への還元にしたい、というふうにお書きになっていらっしゃったことです。

私もいつもみなさまからこのボランティア活動の動機を聞かれるのです。それは確かに六十年代の青少年の問題に心が痛んだということが動機に違いないのですが、もっと奥に、家庭が、両親の姿があったように思うのです。私の家は醸造家でしたから、使用人や人の出入りも多く、すごく忙しくて、そういう中でも父は、人様のことや村のことでしょっちゅうとんで歩いておりましたし、母は子供に対しての無償の愛はもちろんのこと、使用人に対しても誰にたいしても、自分は食べなくても人に分けるといった、そうした人様を大切にするといった両親の生活態度が今日のボランティア活動に自然に繋っているようです。

だからよく「大変ですね」と言われるのですが、私にとってては自然なことでございますので、先生のそのお母様のお話を伺って、先生の背後にはお母様という存在がいらっしゃると思いますし、私にもそれがあったと思います。

日野原　私は一度母を温泉にでも連れて行きたかった。今でも、どんなに感激するだろうと思うのです。それが戦中戦後のことでしょう。母は温泉に行くなどはまるでできなくて、六人の子供を育てるために苦労したわけですからね。

野村　ええ。昔は子供が多かったですからね。

日野原　そうですね。しかし今、物は豊かになったけれど、感激がなくなったですね。

野村　そうなんですよ。そして、優しさとか、人に譲るとかということが、豊かになってなかなかできなくなってきた感じがいたしますけれどもね。

出会いが自分を作る

日野原　私は五十二年間の内科医がもう一月で済むんですよ。

野村　そうでいらっしゃいますか。

日野原　五十二年間、内科医として患者さんを診てきて、今でも親しい人には往診もする。そういう中で、人間の一生で一番ミゼラブルなものがその人の終末期だということを見せつけられてきたのです。

野村　そうでございましょうね。

日野原　いくら生涯が不遇であっても、最期の三ケ月、一ケ月、十日がもう少し良ければ、自分は生まれてよかったな、という気持ちになれると思うのですが。素晴らしい過去を持った人でも同じでね。多くの人は、人生の最期、終焉は非常にミゼラブルです。特に病院での最期を私は長く見ていますから、あんな最期、自分はいやだっていう気持ちがあるのです。だから、私がホスピスに興味を持つのは、どんなに辛い生涯を送った人でも、最期によかったという気持ちを与えたいということを考えたからです。そのためには、第一に痛みを取って、それからその人が心の安らぎを得られるような、人とか、音楽とか、医学はもう力尽きたのですから、医学以外のもので心を支えて、もう明日死ぬかもしれないけれど、今日はよかったという、そういう感謝ができるような心の平静さを与える。そして、ボランティアの人達の愛に支えられているということを感じて、死ぬ時に、自分は何もできなかったけれど、私の生涯は意味があったと、一言でも子供や孫に言えれば、その子供や孫は、意味があった生というのはどういうことかというふうに、その意味を問い続けられる。そういうことが、親の子供への遺産になると思うのですよ。

野村　そうでございますね。ただ、そういった精神的な豊かさというのか、人間の生きることの尊厳というか、価値の大きさに、ご自身目覚めた人は他者を目覚めさせることもできると思うのですが、本当に今そういう人が少なくなっている感じがするのですけれど。

日野原　それにはね、私は、人間の一生というのは出会いだと思うのですよ。

野村　ええ。そうでございますね。

日野原　ただ東京駅で多くの人にぶつかるということでなくて、人が私たちに何かを求めている、という気持ちを持って歩いているとね、必ずチャンスがあり、出会いがあります。そしてその出会いが自分を作ってくれるのです。人間は死ぬまで出会う。死ぬ瞬間まで、私たちには新しい可能性があるのですね。そしてそこに、本当にこれでよかったという心の喜びが起こるのですね。そういう意味で、野村生涯教育センターでも、そこに参加されることによって、いろいろな出会いに遭遇するわけでしょう。そして、その人が変えられていくわけでしょう。

野村　そうでございます。

自分が環境を作る

日野原　音楽家であり音楽教育者でもある鈴木鎮一さんの論文の中に面白いことが書いてあった。それは、人間は素質でなしに環境だと言われるのです。音楽的な環境に入れたから音楽家になれる。それを変な音楽の中に入れたら、何も育たないと言われるのです。だから子供の時から、なるべく良い環境に子供を入れるのだというふうに言われているのですがね。ただ、環境というのは、環境があって人が入るということもありますが、自分の環境というのはただ与えられるのではなく、やはり自分が出会いによって環境を作ってもいけるわけです。

野村　ええ。自分が作るのですよね。そう思います。

日野原　最近、非常にいい随筆を読みましてね。あの吉田茂さんの息子さんの英文学者の吉田健一氏が翻訳している、イギリスのリンドバーグ大佐の夫人が書いた「海からの贈物」という小さな随筆です。その中に、貝というのは自分の体の成分で貝殻のデザインと色を作って、その中で自分が安住している。自分のもので環境を作っている。そして、それにしっくり体が合うようにすると言うのです。与えられた環境ということでなく、やはり自分が自分の環境を上手に作っていくということですね。そういうことを考えると、例えば主婦が、与えられた時間をどのように選択して、どこで何をするかということで、その人の人間形成が変わってしまうし、家庭も変わってしまうということですね。

野村　ですから私はセンターで、自分の心や意識とか、性格とか、個性、そうしたものが自分の運命も作るし、環境も作るということを言っております。それは、触れ合ったものにどう善の対処をしていくか。もし悪い条件に出会ったら、それをどう自分の中に取り込んで、その条件から自分が何をどう学んで、どう越えていくかということ。つまり、それが己を知り、己を作り、己の運命を作ることになるので、自分が環境を作っていく主体者だということをいつも言っているわけですけれどもね。ただ今、余りにも、すべてが関わりによって存在しているのに、その関わりを根までを全部切ってしまっていますよね。

日野原　そうですね。

野村　命の根も切って、親でもない、子でもないとか、回りの他者との関係にしても、自然環境との関係にしても、全部を断ち切ってしまっています。現代人は根を失っている感じがするのですね。ですから、すべての関係、関わり

1989.3.3.　野村理事長　ひなまつりに幼児教育部の子供たちと

をより良く活かすという方向へ行かないのです。むしろ、全部ズタズタに切ってしまって、環境を自分で悪くしてしまっているのが現代人じゃないかということを感じますね。

死は最後の生き方

日野原　私は職業柄、人間の死というものに触れているでしょう。医師になって何を本当に自分が得たのかと思うとね、自分が生きている状態で、人の死に遇えるということでしょうね。死はその人にとっては一生の最大の事件でしょう。その最大の事件に、それまでその人を知らなかった赤の他人が、裸の患者のお世話をするのです。だから七十七歳まで生きたということは、普通の人よりもそういうものを何重にも与えられたわけだから、ずい分長生きをしたということにもなるのだと思うのです。そして私が感じることは、死ぬということは、やはりその人の最後の生き方だということです。それは各々が実践できるわけですから、医学が上手に苦しみを除いてあげれば、患者はそれができるというわけですね。最後の人間の在り方をどうするか、それには幸いに、やはり最後までチャンスはある。ただ死は嫌だと言うのでなく、自己表現というか、もっとも良い自己のパフォーマンスの機会が最後に与えられると考えればいいんじゃないですかね。

野村　そう思いますね。私の父が八十九歳で亡くなりましたが、日頃いつも、自分ほど幸せな人間はいない、後はただ良い死に方をしたいと言っていましたが、言った通りの死に方をしましたね。今日倒れて、今日死んでしまうのではお別れをする時間がないから、倒れて少しの間はお別れをする時間を持ちたいと言っていましたが、その通り、倒れて一ケ月して亡くなりました。

日野原　そうですか。野村先生はご兄弟は？

野村　私は五人兄弟で、ひとり亡くなりましてね。

日野原　私は六人で、ひとり亡くなったんですよ。

野村　昔は五、六人が普通でしたからね。

科学・哲学・宗教・芸術

野村　先生は詩や音楽がお好きで、作曲もなさったということですけれど……。

日野原　私は、理科に進むか、文科に進むか、とても迷いましたよ。入学試験の時に面接で、これがだめだったらどうするかという質問をして、これがだめなら別の方面へ行くという答えだと、面接者は、「あなたは何をしてもいいようで、はっきりしないじゃないか」とよく言うでしょう。私は自分が迷ったものですから、そういう答えに同情的なんですよ。高等学校を出て、医学部にストレートに行けなかったら、京都大学の哲学に行こうかと思っていました。

野村 そうでいらっしゃいますか。あそこの哲学科は良かったですからね。

日野原 私には文科の友達が何人もいたのですよ。

野村 そうでございましょうね。

日野原 そういう友達の影響もあって、これもやりたいなあと迷い迷っていたわけです。

最近、音楽療法をホスピスに導入したいということで、音楽療法研究会を作りましてね。医者には音楽に興味を持つ人が多いんですよ。

野村 本当にお医者様で音楽とか芸術とかそういったものをご趣味にお持ちでいらっしゃる方は、素晴らしいお医者様になられると思います。聖路加病院はほとんどの方がキリスト者でいらっしゃるのですか。

日野原 いやいや、そんなことはありません。キリスト教の信者の医師はごく僅かですよ。採用の時は特にそういうことが条件になりませんから。ただチャペルがあり、牧師が専任ですし、ナースにはかなり信者がいます。

野村 最近、生命科学とか、精神の分野とかが随分探究されてまいりましたが、私はそれはとても素晴らしいことだと思うのです。

日野原 ええ、バイオエシックスというのが、非常に盛んになってきましたね。

野村 今までの科学は主として無生物が中心で、生物や植物を扱う科学の分野とははっきり分かれていましたでしょうから……。

日野原 ええ、以前は全く相反すると考える人が多かったのですが……。

野村 それが本当に近づいてきた。

日野原 裏腹になっているということが、段々と分かってきたのです。

野村 ですから、今までは生命の問題はとかく宗教の分野と倫理の分野だけで、それは教育の分野の問題ではないと最初の頃は言われましたけれど、人間の教育で、人間とは何かの追求の中で、生命の分野の追求がなかったら、それはおかしいのじゃないかというのが私の持論なのですけれど。そういう意味では、科学が生命を探究してきていますから、接点ができてきました。私の持説ですが、科学も宗教も哲学も芸術も、すべて人間が探究する真実の世界へのそれぞれのルートであってみれば、それらを総合した総合学的観点が今こそ大切であることを、私は主張しているわけなのです。

日野原 そうですよね。

未来の若者たちを痛む

野村 来月早々、インドで青少年に関する会議がありまして、私、呼ばれておりますものですから、センターの青年部のメンバーを十三、四人連れて行ってまいりますけれど、今、本当に子供たちが病んでいますからね。ただ暴力とかいじめとかだけの問題ではなくて、無気力というものが、生きる意欲をなくしている若者が多いですからね。

日野原 そうですよ。今、心身医学の方では、若い人の間に感性がなくなって、失感症とも言うような新しい病気になっている人のことが問題にされています。そういう精神的な、心理的な欠陥を持つ患者が非常に増えてきているんですよ。

野村 ええ。考えられないような症状の方が出てまいりまして、これからは大変な世の中になるなって思います。

日野原 日本の将来を考えますとね、日本の家庭が今後どうなるかということが大変心配ですね。今のアメリカにおけるような離婚の増加とか、家族の崩壊とか、そうしたものが増えてきていますし、結婚観というものも変わってきつつありますからね。

野村 家庭崩壊は世界的に進んでおりますからね。大人同士はともかくとして、その歪みをみんな子供がうけるのですよね。それだけに、私たちはそうした問題を自分自身の問題として、また、自己の人間陶冶の教育問題として、日々取り組んでいるわけです。

今日は本当に長時間、先生から貴重なお話をお聞かせいただきまして、ありがとうございました。これからもどうかお体にお気をつけて、ご活躍下さることをお願い申し上げます。

野村生涯教育センター国際交流レポート2

ロンドン大学

教育研究所

(財)野村生涯教育センター
国際部

野村生涯教育センターは、創設者野村理事長が構築した野村生涯教育論に基づき、国内はもとより国際社会ぐるみで、その実践を推進してきた。

この四半世紀に亙る当センターの国際交流の歴史は、今日の世界的教育改革期に、教育の本質を求めての、日本から世界への問いかけの歴史と言える。

一九八二年の第四回生涯教育国際フォーラム以降、特に、背景やニーズの異なる各国から、野村生涯教育理論の理解と、さらにそれをどう実践化し得るか、その可能性を探るための交流の要請が強くなっている。

今まで主催した十数カ国が一堂に会したフォーラムから、さらに、このような要請に対応するために生まれたのが、国別のミーティングへの発展の企画であった。その先駆けとして、一九八七年十月、西ドイツのボンとイギリスのロンドン大学でミーティングを開催した。

両ミーティングが実現した背景にあるのは、それをオーガナイズしようという深い理解者が、現地に生まれてきたということである。

そこで、野村生涯教育センター国際交流レポートそのIIとして、教育学の世界的センターとも言われる、ロンドン大学教育研究所の教育専門家が中心になって実現したロンドン大学ミーティングを取上げ、同研究所とセンターの交流のプロセスを含めて報告する。

ロンドン大学教育研究所との出会い

一九八二年十一月、西ドイツ・ケルンで当センターが主催した第三回生涯教育国際フォーラムに、同研究所の比較教育学上級講師のトミヤック氏が参加された。ユネスコ日本常駐代表部を通じ、各国常駐代表部へフォーラム参加要請の通知を回していたが、イギリス常駐代表部は同研究所に連絡を取り、その結果トミヤック氏が出席されたのであった。

『宇宙・地球・人間　このすばらしいもの――その尊厳と存続のために』をテーマに開かれたこのフォーラムでの三日間の討議を通してトミヤック氏は、「ユネスコ憲章の前文に、『戦争は人の心の中で生まれるものである。だから、人の心の中に平和の砦を築かねばならない』とある。ノムラ・センターの活動は、まさにこのユネスコ憲章を実践しているものである」とコメントされた。

トミヤック氏の専門がソ連・東欧諸国とイギリスとの比較教育であり、また氏自身がスラブ系の出身で、第二次大戦の不幸の歴史から教育に情熱をかけられていることを後で知った時、ケルン・フォーラムでの氏のコメントの持つ重さが伝わってきた。

1982.12.　第3回生涯教育国際フォーラム(西ドイツ・ケルン)に参加したトミヤック氏とテーラー女史

トミヤック氏から、次回フォーラムにはぜひ共産圏や東欧圏を含めるようにと、以前から勧められていたが、事実第四回フォーラムには、常駐代表部からの呼びかけもあり、トミヤック氏からの紹介によって、ソ連、チェコスロバキア、ハンガリーといった東欧圏からの参加が実現した。

その後氏から寄せられた書簡の中では、常にセンターとの交流の可能性を探る積極的な協力の意志が示されていた。次の交流の機会は、第四回国際フォーラムの準備のため渡欧した折であった。トミヤック氏より「ぜひ所長に紹介したいので、丸一日予定をあけておくように」と事前に理事長宛に手紙があり、同研究所で所長のロートン教授との出会いが持たれ、同時に、上級講師の方々とのミーティングが持たれたのであった。

ロンドン大学教育研究所

ロンドン大学教育研究所は一九〇二年に創設され、現在学生数三〇〇〇名、教授陣は二〇〇名に上る。日本で言えば大学院に相当する世界的な教育研究センターである。

教授内容は、第一に英国および世界各地域で初等中等教育にあたる教師の育成、第二に経験豊かな教育者が更に自分の専門分野を深めるための研究、第三に修士号と博士号取得のための研究、これら三つの分野からなっているという。

国際比較教育学、教育哲学、教育社会学、歴史と人文科学、教育政策と教育行政等十五学部から成り、その他に、学際的な教育研究のために、多文化教育、職業教育・訓練等に関する四つのセンターがあり、また、政府や助成機関によって数多くの研究プロジェクトが設置されている。さらに、絵画、音楽、演劇、映像の芸術センター、英国随一の教育に関する図書館を持ち、出版活動も盛んで、教育研究に関する世界的な規模と実績を誇る研究所と言えよう。

ロートン教授は、この大世帯をまとめる、創立から七人目の所長として、一九八三年からその任に当たっている。

ロートン教授が特に指摘している同研究所の方針は、教育学およびそれに関連する分野の高度の専門性を獲得すること、また同時に、各分野が孤立することなく統合した立場から教育研究を目指すことである。そして理論的な研究と教育現場との関連を常に心掛けているという。

ロートン教授との出会い

一九八五年九月十九日、野村理事長はロートン教授とお会いするため、ブリティッシュ・ミュージアムに近い同研究所にトミヤック氏を訪ねた。

一人では迷子になりそうな迷路のような廊下を案内されて伺ったトミヤック氏の研究室は、三方の壁、机の上、そして床にまで書籍がいっぱいに積まれ、十畳はある研究室が狭く感じたほどであった。

そこで先に、午後懇談を予定していたトミヤック氏の二人の同僚を紹介され、野村生涯教育センターの資料を手渡したのち、少し離れた所長室へトミヤック氏に案内された。出迎えたロートン教授は、紅茶を勧めながら、野村理事長に訪英の目的を尋ねられ、懇談が始まった。

野村　今世界的に人間性が荒廃し、人間性の復活が教育の最も重要な課題になっています。そして、それが私たちのセンターの活動の目的になっています。そのためには地球レベルの連帯が必要であり、そのためにこそ西洋と東洋の接点をつけていくこと、つまり西洋の理性と東洋の感性、文化のルーツの相違点を統合していくことが必要です。
　その意味で、来年ユネスコ本部で第四回国際フォーラムを『生涯教育――生命の世紀への復活』のテーマで主催します。その参加要請と準備のために、この度ヨーロッパ各地を訪ねております。

ロートン　私もぜひそのフォーラムに参加したいと思います。いまあなたがおっしゃった統合の問題について、もう少し詳しく伺いたい。

野村　西欧に端を発した科学技術文明は、人類にとって誇るべき偉業であると同時に、人類滅亡の危機を生み出すという矛盾を呈しています。いまこの、人類が生き残るという共通の目的のために意志を統一しなければならない時に、もっとも大事な問題は『異質の統合』であると思います。西と東、男性と女性、専門家と素人、そういった両極に相反している異質の人々が統合していく、協力し合っていくことが大事だと思うのです。今までは、中心と周辺の関係にあって、周辺にいた立場が中心に模倣し、また、中心に従属してきました。いまその周辺の側の、従属してきた側の目覚めと自発が非常に重要であり、中心の側に対して働き掛けていく、関わっていく、統合していくことが重要な問題であると思います。

ロートン　その西と東の統合に対して、あなたはどのよう

デニス・ロートン教授

なアプローチをしているのですか。

野村　私は、西洋の合理性と東洋の非合理性、また西洋の理性と東洋の感性といったそれぞれの特性となっているものの補完と統合を試みています。

東洋の、物を相即してみる、表裏一体の不可分の関係においてみる考え方や総合的な見方は、すべてが分断され、孤立化し、対立している現代社会の不幸な現象に対して答えを持つと思います。

日本がもともと持っている全体的且つ未分の文化が、西洋の峻別相対の文化に対して大きく補完していく役割を持つと考え、その試みを生涯教育を通して行っているのです。

ロートン　ヨーロッパにとって、これは未開の分野であるだけに、大変興味があります。社会の分解、崩壊を抱えるヨーロッパにとっては、いまお話のあった統合教育が重要な課題です。

正味三十分の、短い時間での対話ではあったが、野村理事長の東洋からの働きかけに対し、西洋の知性がいかに大きな関心を示したかは、後に送られてきた書簡に強く現れていた。その書簡には、第四回国際フォーラムでの討議事項に関するサジェッションとして次のように書かれていた。

「生涯教育にとって、いま世界的に重要なことは、概念の明確化であり、理論的な展開であると思います。この点において、あなたの生涯教育の理論が、世界でどのように位置づけられるかを討議すべきだと思います。」

午後からの、トミヤック氏の二人の同僚の方々とのミーティングは、あらかじめ手渡しておいた資料からの質問に理事長が答えていく形で進んでいった。討議の焦点はやはり、東洋と西洋の接点ということに当てられた。

日本とイギリスの比較教育の研究者のお一人は、「これまで、東洋と西洋の接点を言う人はいましたが、あなたのように西洋の合理性と東洋の英知の統合を言う人には初めてお会いしました。オリジナルな発想だと思います。それを教育活動として実践されていると伺い、震えるような興奮を覚えました」と、その日の懇談の感想を述べられた。

「次のフォーラムは、この研究所にローガン・ホールという大きな会議場がありますから、ぜひそこでやって下さい」という嬉しい要請を受けて、丸一日かけてのミーティングは終わった。

ロンドン大学ミーティング

一九八七年十月、野村理事長はベルギーのブリュッセルにおいての余暇に関する国際会議にスピーカーとして招聘され、渡欧することになった。

四回にわたるフォーラムの主催をはじめ、長年の国際会議や交流を通じて知己を得た数多くの人々の中から、各国に拠点となるべき協力を申し出られる理解者が増えてき、また、自分の国で会議を持つようにとの要請も、ヨーロッパ、アジアの各国に出てきていることから、この度のベルギーの会議の機会に合わせて、まず西ドイツ・ボンとイギリスのロンドン大学でグループ・ミーティングを試みることになった。

トミヤック氏は早速、二つ返事で快く一切の準備を引き受けて下さった。イギリスでの、もうひとりの協力者、道徳教育ジャーナルの編集者M・テイラー女史が、同僚の研究者の方々と共に、協力を申し出てくださった。

イギリス側の協力者は、会議には慣れた方ばかりであったが、同時通訳の必要性についてばかりは、数回の話し合いを必要とした。国際会議では通常英語が使用言語であるため、トミヤック氏たちにとっては同時通訳設備の設置は考慮の中になかった。「ロンドンにはそのような業者はいないから、逐次通訳でやりましょう」と言われ、「そんなはずはない」と随分さがしてもらったが、なかなか見つからな

野村生涯教育の理念を説明する野村理事長

かった。結局は、日本から同行した同時通訳者から紹介されて、事なきを得た。

それ以外の準備は、参加案内から参加者の受付け、会場設定、議事進行から報告書の作成まで、すべてのことをイギリス側が引き受けてくれた。

当日は、同時通訳設備の設置を、十時開会の前に行うために、ロンドン大学の開門時間を三〇分繰り上げていただいての準備が始まった。

日本側からは、野村理事長他理事二名メンバー九名、それに同時通訳者二名、計十四名が参加し、イギリス側からは一八名の参加があった。

主催者側として受付に立ったセンターのメンバーが、大きな荷物を持った参加者の方に「お荷物は……」とご案内に戸惑っていると、「私はここで教えていますから」と逆にクロークに案内されて笑い合うといった、楽しい、和やかな雰囲気の中で、ロンドン大学ミーティングは始まった。

まず、議長のトミャック氏は、参加者一人一人に自己紹介を促した。

イギリス側参加者は、大学教授、世界的教育組織の代表、教育ジャーナル編集者、小学校校長、ボランティア活動家等、様々な分野からの参加であった。


議長（トミャック） 討議に入る前に、まず野村理事長から、野村生涯教育センターの基本理念と活動の概要についてお話しして頂きたいと思います。


野村 野村生涯教育センターは一九六〇年代初頭から、青少年の不幸の問題を動機に教育の問い直しを始め、今日までの二十数年間、一貫して生涯教育の重要性を唱え、その実践をボランティア活動として推進してきました。

現代は、個人的悩みから、家族間のトラブル、犯罪、テロリズム、国家間の紛争や戦争、核の脅威、地球汚染、自然破壊等様々な問題が山積し、まさに人類は危機にさらされています。その意味で、二〇世紀は人類最大のターニングポイントと言えましょう。そしてそのターニングポイントの方向づけは、人間の手に委ねられているのです。

このような時代の要請によって生まれた生涯教育は、単なる成人教育、職業再訓練、ましてや趣味や資格取得のためのものではなく、この時代の今日的課題に対する答えを用意するものでなければならないのです。

いま人類は、共存か共滅かの選択に迫られています。それだけに、人類の英知の結集、庶民の善意の結集が必要であると思います。そのために私たちは、西と東の橋を架けるべくこうした場を設け、グローバルな文明の創造を願って、実践しているのです。

議長　ありがとうございました。それでは討議に入りたいと思いますが、まず、いまの野村理事長のお話に対して質問があれば出して頂きたいと思います。

A（女性）　今日人間はアイデンティティーを失いつつあると言われますが、アイデンティティーについてどのようにお考えですか。またその復活をどのように試みているのですか。

野村　いま私たちのアイデンティティーというものは、個人々々、国家、宗教、イデオロギー等によって様々に異なっているように見えますが、煎じ詰めると、私たちの生命は地球に原始生命が発生して以来、四十数億年の試行錯誤を通して、今日の人間に到っています。これはすべての人間に共通する真実であり、そこから普遍的な人間の価値が導き出され、平等にかけがえのない尊厳をもつことが立証されます。その生命の真実に目覚めることによって、人間は真のアイデンティティーを復活することが出来ると思います。

A　もう一点。生涯教育のボランティア活動における主婦の役割と夫の役割をどのようにお考えですか。

野村　野村生涯教育センターの活動は、夫婦の協力体制のもとに成り立っています。そこで大事なことは、生活上の形式的な平等とか協力ではなく、むしろ精神的な、本質的な意味での協力というものが夫婦の調和の基礎であると考えています。

B（女性・ロンドン大学講師）　二つ質問をしたいと思います。ひとつは、家庭に縛られていて、社会に出ていく必要がないと思っている主婦に、どのようにして動機づけができるかということ。もうひとつは、資本主義の厳しい競争原理のもとで、いかにして人間の価値を求めていけばよいのかを伺いたいと思います。

野村　センターの活動に参加する人々は、それぞれに異なる動機で参加してきます。子供の非行や暴力の問題、夫婦の危機や離婚、嫁姑の問題、職場の人間関係と実に様々です。各自がいま直面している問題と取り組む中から、その問題の背後には社会的要因、時代的要因というものがあることを学んでいきます。そしてその認識のうえに立って、目の前にある問題をどう自己学習の教材にするかを学びます。ミクロ的な自己探究とマクロ的な社会、時代認識を絶えず関わり合わせながら、いま自分がどう生きるべきか、自己の中に何を開発すべきかを考え、実践しています。

そうした中で、それまでは自分の子供、自分の家庭だけという狭い意識だった母親たちが、確実に、社会に関心を持ち、世界に関心を持つようになり、国際フォーラムを開くまでに変わってきています。

二つ目の質問については、いま確かに人間が、物質価値優先、経済第一主義といった風潮の中で振り回されています。しかし人間はパンのために生きるのではなく、生きるためにパンが必要なのです。この価値の一義と二義が入れ違っているところを反省しなければならないと思います。

日本はいま経済的に豊かだと言われますが、その反面、かつて貧しかった時代にはなかった青少年の問題が多発しています。それだけにセンターでは、豊かさを自分だけが享受するのではなく、社会や世界の不幸に対して何ができるかというボランティア精神を、幼児期から培うよう母親たちが学んでいます。

議長　物質的に貧しい地域においても、いまおっしゃられたような価値観、理念でアプローチできるとお考えですか。

野村　インドの大学で社会学の教授していらっしゃる方が、「インドにこそ、野村生涯教育の理念と実践が必要だ」とおっしゃって、センターに一年間留学なさいました。貧しい国においても、豊かな国においても、人間性喪失の問題は共通した問題であり、それだけに人間の尊厳を根底に置いた教育が、どちらの国にも必要なのだと思います。

C（女性・ボランティア活動家）　日本は仏教国ですが、仏教の哲学が野村理事長の思想にどのように影響しているかを伺いたいと思います。

野村　仏教は日本文化の不可欠なソースですが、仏教のみならず、儒教や道教を根底に、また近世以降キリスト教や西洋の思想といった東西のあらゆる思想を取り入れ、包摂してきたものが日本の文化であり、それが日本の文化の特質であると思います。私の思想もそうしたものすべての影響を受けていると思います。

議長　センターが主催した国際フォーラムでは、東洋と西洋の哲学の基本的な相違点について討議しましたが、同時に、国や文化を越えた人類に共通した価値観についても話し合いました。複数文化社会における教育にとっては、共通の基盤を築き上げることが重要だと思います。

D（女性）　日本がいま失いつつある価値とは何ですか。また、文化によって価値は様々に異なりますが、それをどう統合していくのですか。いまイギリスは現実に複数文化国家であり、教育が抱えている大きな問題点として統合の問題があるのです。

野村　私はいろいろな会議で、自然と人間とを一体に考える『共存の思想』についてお話ししますが、前に、「ヨーロッパにも過去、そういった考え方はあったが、今は失われている」と伺ったことがありました。いま日本でも、失われつつあります。

先程もお話ししたように、あらゆる文化を包摂した文化が日本の文化だと思います。ただ、外来の文化をそのまま受け入れたのではなく、それを包摂し、新たなものに統合してきたのが日本の文化だと思うのです。その根底には日本の文化の土壌となっている古代のアニミズムの思想があると思います。そこに生まれた日本文化の底流の思想は、独自性を持つと同時に、世界性、普遍性を持つと私は思っております。

そして、人種、言語、民族は違っても、私は人間は基本的には違わないと考えます。ですから、すべての問題を人間に集約して考えるということが大事だと考えます。

また、現代は人類が「生き残る」という、目的を共有した時代です。そのことの認識に立つとき、人間という普遍的な立場に立ったあらゆる文化の統合は可能であり、異文化の理解と尊重と補完統合は不可欠な条件でありましょう。

E（女性・野村生涯教育センター）　イギリスでは、いま価値の問題はどのようになっているのですか。また、そこからどのような社会問題が提起されていますか。

議長　イギリスはいま急速な変化の時期にあります。イギリス社会は、第二次大戦後特に、複数文化が共存する社会になってきました。つまり、過去、大英帝国の植民地であった国々の人々が、多数英国に移住してきているのです。そうした現状にいかに対応したらよいかということが、大きな課題になっています。

F（男性・小学校長）　そのような状況が社会的対立を生み出していることを、私は憂慮しています。私の学校の学区では、アジア、特に西インド諸島からの移民が多く、白人が少数民族になっており、そこに人種的偏見が生まれています。

また、イギリスの伝統的宗教観が影響力を失いつつあり、反面、「若者たちの新しい宗教」が台頭してきて、緊張を生み出しています。


B（女性・ロンドン大学講師） イギリス社会はいま、混乱と対立の中にあります。

特にこの四十年間、文化的変化、階層の変化、人種問題などによって教育が大きく変わってきています。

また私は、イギリスが欧州共同体の一員になったために、イギリスの自由がだんだん犠牲になっていると思います。つまり、ECの一員になったことで、イギリスの価値観が変わってきていると思うのです。


午前中の討議はここまでで終わり、昼食となった。

外に食事に出ると時間がかかり、討議の時間が短くなるという配慮で、モニカ・テーラー女史の友人が参加者分の昼食をと、手作りのサンドウィッチとクッキー、フルーツを用意してくださった。

デスクにチェックのテーブルクロスが掛けられると、会議室はビュッフェ形式の昼食会の会場に一変し、参加者は楽しいひとときを持った。

午後の討議に入り、議長のトミヤック氏はセンターの『第

和やかな会話が続くランチタイム

四回生涯教育国際フォーラム報告書』を提示しながら、そこにいかに教育に関する討議の重要な要点が網羅されているかを評価し、このロンドン大学ミーティングの成果が次回第五回のフォーラムへの貢献になるよう、参加者の積極的発言を求めた。

G（女性・野村生涯教育センター理事）　午前中の討議の最後にイギリスの現状を伺いましたが、そのような状態は現在世界共通の問題になっていると思います。

センターでは、野村生涯教育の原理に基づいて、様々な対立の問題を教材にして、調和を図る学びをしています。

日英に共通した問題に焦点を当てながら、午後の討議を進めていったらいかがでしょう。

議長　日本では、家庭教育に関して、家族がどのように協力しているのか、センターの実践を伺いたいと思います。

G（女性・野村生涯教育センター理事）　野村理事長は、人間の属性である愛、信頼、連帯は家庭教育にその基礎を置いてのみ育てられると教えています。そしてそれが世界の平和を築く基礎となることを学びますが、理想と現実にはギャップがあります。そのギャップをどう埋めるかを課題にして、家庭においても家族との関わりを通して自己変革の学習をしています。

H（男性）　センターが主張される教育の真の目的というものを、家庭と学校が共有しているのですか。

I（女性・野村生涯教育センター理事）　学校側に教育の目的を問い直して頂くアプローチとして、家庭人として自分自身が教育の目的をどこにおいていたかを反省しつつ、先生方と関わり、理解や賛同を得てきております。センターではまず、自分自身の変革を通して他者に関わることが基本になっています。

その結果、センター主催の会議や講座に、教師や父兄が参加したり、逆に、学校や組合が主催する研究集会などにセンターメンバーが講師として招かれたりしています。

また、いくつかの幼稚園、高等学校で生涯教育講座が開かれ、教師と父母が共に学んでいるところもあります。

G（女性・野村生涯教育センター理事）　私も、野村生涯教育を学んで、自分がそれまで教育の目的を経済的価値や社会的地位に置いていたことが反省でき、教育の本来の目的が人間であったことに気付いてきた度合い、家族の調和がとれるようになってきました。いま日本では、以前の私と同じような価値観を持った母親たちが、子供を追い詰めてしまっています。私たちはそうした母親たちに呼びかけ、多くの人々が着実に自己変革をしています。

J（男性・中学校長）　家族ぐるみの教育という考え方は大変すばらしいと思います。私の学校では、道徳教育の中で、少数民族の文化を取り入れようとしているのですが、あまり効果が上がっていません。それは子供たちの考え方と、親たちの考え方が違ってきてしまっているからで、その意味で、家族制度を学校教育の中に含めて考えることは重要なポイントであると思います。

K（男性・ロンドン大学教授）　東南アジアの経済的に発展してきている国々を中心に、いま、伝統的価値や精神文化が失われつつあります。シンガポールのセント・ポール協会では、学校教育中心の教育や学歴社会の弊害によって失われつつある、伝統的な価値観である長幼の序や親孝行といった考え方を復活させようとする取り組みが行われています。ノムラ・センターともっとコンタクトをとって、なんらかの共同プロジェクトが行えないかと思っています。

L（男性）　人間の生きる姿勢、考え方を変革していくのにはどのような方策があるのですか。

I（女性・野村生涯教育センター理事）　野村生涯教育では、人間はその個性、価値観、生活意識といったものが動機となって、それにふさわしい言動行動を通して他者と関わり、そこにさまざまな人間関係が生じると教えています。そこに生まれる不調和や対立、葛藤といった問題を通して自己と他者の関係を客観的にとらえ、自分では見えない自己を知っていく。不調和の原因をまず自分自身の中に見ていきつつ、相手と関わり、調和を図る。この相互教育による変革を試みています。

ここで、これまで討議の推移を見守っていた「カウンセリングを促進する国際円卓会議」会長、また、ロンドン大学名誉教授であるホクスター氏が次のようなコメントを述べた。

「ノムラ・センターは、親、教師、社会の様々なグループに対し、非常に多くのカウンセリングを提供しています。ノムラ・センターとカウンセリング学会には、二つの共通点があります。

一つは、〝自分自身をもっと知れ〟ということを教えていること。それによって他者もよく見えてくる。カウンセリングの世界でも、先生たちに、自分自身をよく知るための教育をしています。それによって教師の自己開発がなされ、子供たちをも同じように開発することができるのです。人間の一人一人には、深い洞察力が秘められており、この潜在的な能力を掘り起こすことが肝要です。ノムラ・センターではそれを開発していると思います。

もう一つは、科学技術文明の弊害を指摘している点です。西欧における教育は、いま、ハイテク技術に専念しすぎており、成人教育においてもこの点ばかりが先行しています。その意味で、カウンセリング・ガイダンスが担うべき役割は大きいのです。人間の潜在的洞察力の開発が、教育の未開発の分野であります。私は、カウンセリングやガイダンスが効果的役割を果たさなければ、成人教育はできないとさえ考えているのです。

また、いま学校はコンピューター妄想に取りつかれてしまっています。一例を上げますと、ロンドンではコンピューターに関して第一人者の若者から、昨夜電話がありました。彼は、人間とのコミュニケーションができなくなってしまい、混乱の中にいると言うのです。このような、カウンセリングやガイダンスを必要とする混乱が、世界中にたくさんあるのです。

私が申し上げたいことは、ノムラ・センターとカウンセリング学会が目的を共有しているということです。つまり知的、精神的人間の潜在能力を最大限に開発すること、活かすことを、家庭、学校、社会、すべての段階で実現しようというところに共通点があるということを強調したかったのです。」

このコメントを受けて、東南アジアとの比較教育を研究するトーマス氏は次のように語った。

「東南アジアでも、教師に対する教育の問題について関

1982.4.　ホクスター氏の自宅にて　前列左からホクスター氏、野村理事長後列左から肥土理事、木村さん（国際部）

心が払われるようになってきました。マレーシアやタイでも、教育担当官庁の生涯教育への認識が高まっています。

主婦や子供に対してだけでなく、教育者自身が生涯教育についてもっと目覚めるべきです。東南アジアでは、カウンセリングのニーズに対し、カウンセラーの数が少なすぎます。道徳観や価値観の基礎的教育において、カウンセラーの増員や、その養成のための教育内容を考えていきたいと思います。」

これまでの討議全体を踏まえて、野村理事長は次のように述べた。

「センターでは、次の三つのモットーを掲げています。

〝子供たちの教育は、いついかなる場合にも親の自己教育である〟

〝生徒たちの教育は、いついかなる場合にも教師の自己教育である〟

〝社会、人生にふれあうすべての条件は、自己学習の教材である〟

これまでのような学校教育中心の考え方では、教育は、学校という場所で、教科書に基づいて、先生が生徒を教えるという、一方通行の教育を指していました。

生涯教育の観点に立つと、教師も両親も、大人のすべては、生涯をかけて自己実現する一人の主体者になります。一人一人の人間に、教える立場と学ぶ立場の両方が必要になります。その意味で、もっともよい教材は、両親にとっては子供であり、教師にとっては生徒でありましょう。この、教える側と教えられる側との相互教育が、教育の基本であると考えます。

こうした発想の転換を基にして考えていかなければ、これまでの議論が嚙み合っていかないと思います。

ホクスター教授がおっしゃられたように、己を知ることによってのみ他者を知ることができるのです。親は子供を、教師は生徒を、そして人生にふれあうすべての事象を自己学習の教材にする。そこから自分が何を学ぶか、何を反省し、どう自己陶冶をしていくかということを基本姿勢にして、私たちは生涯教育を実践しています。

私は、カウンセリングの専門教育を受けているわけではありません。私は、生きた人間から学ぶことが最大の学びであると信じています。人間は、精神的な存在であり、同時に、物質的、社会的、文化的存在でもありますから、生きた人間から学ぼうとすることは、あらゆる角度からの学習になります。

生涯教育がもっとも必要なのは医者と教師だとよく言われます。それは、生きた人間を扱うからだと思います。固定した一つの教育概念によって、人間が教育されるのではないと思います。生きた人間から学び、教育も発展していかねばならない。心理学もそうであると思います。あらゆる学問が、生きた人間から学び、更新していかねばならないと思います。」


このあと、教育における評価の問題が話題となり、英国でも十六歳時に行われる共通テストに象徴される試験制度が大きな問題になっており、成績だけで人間の評価が行われていることが指摘された。

それに対して野村理事長は、次のように語った。

「人間の評価までが、単に合理主義、数量主義によって測られているところに、いま大きな歪みが出てきています。教育を、その本来の目的である人間の本質の開発という方向へ戻していくことを、センターはあらゆる活動を通して行っているのです。」

討議時間も残りわずかとなり、それまでの討議の全体をまとめて、トミヤック氏は次のように述べた。

「これまで、私たちは家庭と社会とを二つの別の社会と考えてきました。しかし、その二つを別々の社会として取り扱うところに間違った前提があったように思います。これまでのように、学校の問題は学校の問題として、家庭の問題は家庭の問題として対処するのでなく、もっと広い視点で問題をとらえ、それらに共通する問題点を求めていけば、解決策を見出すことができるのではないかということがわかりました。」

野村理事長はこのトミヤック氏の見解に対して、次のように答えた。

「本来、家庭も学校も、そして職場も、一つの大きな社会の中にあるというとらえ方が大事だと思います。家庭と学校と社会の統合を図らねばならないという考え方というより、家庭、学校、社会の三者は、本来、有機的相関関係にあるという立場です。その観点に立つと、家庭教育、学校教育、社会教育は、一人の人間が持つ切り離しえない三つの側面であるということになります。

それゆえセンターでは常に、家庭、学校、社会の三者の連携を図るために、社会のあらゆる機能、立場、年齢層を巻き込んでの活動を進めています。

ここでさらに重要なことは、三者は不可分の関係にはありますが、その中でも家庭が最も基礎の人間教育の場であるということであります。それは、人間にとって不可欠な属性である、愛、信頼、連帯が生得的に備わる場が、家庭であるからです。

いま人間にこの属性が失われてきているところに、人間崩壊が起こり、家庭崩壊が起こり、当然、それによって構成されている社会の崩壊も起こってきます。

ですから私は、これまでの学校教育―時限教育から生涯をトータルして教育を考える継続性と、家庭教育、学校教育、社会教育を有機的相関関係でとらえる統合性と、フォーマル、インフォーマルを問わず、教育の根幹に据えるべき最も大切な生命の尊厳を、生涯教育の重要なポイントとして、野村生涯教育論を構築したのです。」

いつまでも討議が楽しく活発に続く雰囲気の中で、トミヤック氏は閉会の時間が来たことを告げ、閉会の挨拶を述べた。

「今日は、日英両国から三十名の参加者を得て、どの国にも共通する教育の課題について討議することができました。そして、私たちは新しい洞察を得ることが出来たと思います。

これは、野村理事長のイニシアティブ、エネルギー、そして決意というものなしには実現しえなかったことです。

今日討議した重要なポイントは、西欧における教育観が持つ欠点の認識を深める手掛かりになると思います。このように、直接膝を交えての討議は、非常に貴重な経験であり、今後ぜひ継続していきたいと思います。

そのためにも、ノムラ・センターの今後の国際交流計画を含めて、最後に野村理事長のご挨拶をいただきたいと思います。」

野村理事長は、トミヤック氏とテイラー女史の協力に対して深く謝辞を述べるとともに、閉会の挨拶を次のように結んだ。

「いま先進国と言われる日本とイギリスは、共に人間性の荒廃や疎外に直面していると思います。

一九八六年、ハンガリーで開かれたユネスコ主催の成人教育家養成のための国際諮問委員会に出席した折、私は、『第三世界の諸問題と比して、先進国の人間性の喪失や教育の荒廃に対してはあまりに関心が払われていないことに、もっとユネスコが注目すべきだ』と発言しました。

先進国の人間性の荒廃は、単に先進国に止まらず、第三世界の不幸をさらに助長することにつながりますから。

そうした先進国の立場にあって、さらに今日お集まりの方々は、国や組織に各々大きな影響力をお持ちの方々だと思います。それだけにこうした場を設け、それぞれの国が持つ歴史や文化が出会い、英知が統合され、現代社会に方向性を見出し、第三の文化の創造を目指すことが重要だと考えるのです。

一人の人間の背後には、その人の国があり、歴史があり、文化があり、民族があります。ですから、一人の人間と一人の人間が出会うことは実に大きな出会いと言えましょう。今日皆様とこうして出会えたことは、そうした意味において、本当にすばらしいことだと思います。

そのためにも、四年毎に開催する国際フォーラムは、次回第五回を一九九〇年に開催致しますが、その間、こうしたミーティングを各地で継続して開いていきたいと思っております。

こうした交流を重ねていくことによって、きっと未来への良い方向づけができていくのではないかと期待しています。今後も皆様のご協力を頂きながら、それを実現していきたいと思います。」

実質四時間程のミーティングで、実に多様な問題について、本質的な討議が行われた。参加者は、討議終了後、野村理事長と挨拶を交わして、各々仕事の場へと帰っていかれた。

このロンドン大学ミーティング開催後、さらにネットワークは広がり、一九八八年には、野村理事長は二つの国際会議出席の要請を受けた。

一つは、ホクスター教授の要請による、第十三回カウンセリング促進のための国際円卓会議（於、カナダ・カルガリー大学）への出席であり、もう一つは、世界教育機構(World Education Fellowship)の国際事務局長クロメリン女史の要請による、第三十四回WEF世界会議（於、オーストラリア・アデレード大学）へのスピーカーとしての出席であった。

円卓会議の成果はさらに、本年七月、アイルランド・ダブリンにおいて開催される会議への、議長としての野村理事長の出席要請につながってきている。

ロンドン大学教育研究所を中心としたこれまでの交流の基調となっているテーマに、統合の問題がある。それだけ

1988.8. IRTAC（カウンセリング促進のための国際円卓会議）中央が野村理事長

に、今回報告したロンドン大学ミーティングの中で、トミヤック氏から「家庭と学校を二つの別の社会と考えるとらえ方に、間違った前提があったのではないか」との反省の見解が示されたことは、大きな意味を持つと考える。東洋の哲理を基に構築された野村生涯教育の理念が、西欧の教育観を補完する一つの大きなポイントとなるからである。

こうした交流の延長として、第五回の国際フォーラムをぜひ日本でと強く要望されたのはトミヤック氏であり、当初日本での開催が予定された折、ロートン教授もトミヤック氏も真先に参加を申し込まれたのであった。しかし、最終的に会場がパリ・ユネスコ本部に決定したため、日本での開催は次回以降に持ち越された。しかし、ぜひ一度日本を訪れたいというお二人の強い熱意を受けて、本年八月に開催する第二十一回生涯教育全国大会（テーマ、生涯教育ー時代と教育ー）に、ロートン教授とトミヤック氏を、ゲスト・スピーカーとして招聘することになったのである。

ポール・ラングラン博士との対話

(財)野村生涯教育センター理事長
野　村　　佳　子

元ユネスコ本部生涯教育担当官
元フランス大衆と文化の会会長
ポール・ラングラン

南フランスのプロヴァンス地方で、夏のバカンスを過ごされていたラングラン博士をニースにお訪ねした折、長い長い対話が続けられた。ホテルのロビーで、そしてひき続き避暑客で賑わうレストランで。

それは九年前の一九八〇年の夏であった。その折の対話は、三年前、毎日新聞社から出版した『主婦たちの国際会議』に収録したが、ここにあえて再び転載を試みた意義は、生涯教育生みの親とも目される博士が、話し合いの中で、一九六五年、ユネスコにおける「成人教育推進委員会」において提案された生涯教育に関するワーキングペーパーが、「私自身個人的にはそんなに大きな反響を呼ぶとは思っていなかったのですが、意外に大きな反響を呼んで、私自身も非常に驚きましたし、また、勇気づけられたわけです」と話されたことも面白く、リラックスした対談であっただけに、むしろ側面や裏側から生涯教育の本当の姿を浮き上がらせた感があり、また生涯教育に対する基本的な見解や示唆は、貴重な資料として、特に生涯教育が脚光を浴びた今日、改めて再録の必要を感じたからである。

「私は今後の日本で生涯教育がどのような発展を見せるか、とても興味を持って見守っています」とおっしゃられた博士に対し、九年の歳月を経た今日、日本の文部行政改革が提示した、一世紀に亙る学校教育中心から生涯学習体系への移行は、博士の期待への一つの回答ともなったと考える。

その意味からも、ここに再度掲載することにした。

ニースの紺碧の海

以前、未知の私たち日本人にとっては、偶像的イメージで遠い存在にあった元ユネスコの生涯教育担当官、ポール・ラングラン博士が、私にとって人間的な、最も波長の合うお一人として身近になった最初の出会いは、一九七六年十月、博士が文部省からの招聘を受け、来日されたときのことであった。

博士の講演が新宿の文化服装学院の講堂で行われた。終わったとき突然場内マイクで名前を呼び出されて驚いた。急いで控室にかけつけると、余暇文化振興会専務の佐野元生氏がラングラン博士に私を紹介して下さるための呼び出しとわかって感激した。このとき初めて私はヨーロッパの知性を代表する一人の、かつ「生涯教育の生みの親」とも目されるポール・ラングラン博士に面識を得たことになる。

そして二年後の一九七八年十二月、国際フォーラムをパリのユネスコ本部で主催するに当たって、その年の六月と七月、私はその根回しのために三週間ヨーロッパ七ヵ国(ベルギー、西ドイツ、フランス、オーストリア、イタリア、スイス、イギリス)を、それこそ文字通りかけめぐった。

その時初めて、パリの博士の研究室をお訪ねした。フランスの代表的紳士である博士は、その時も、また、その後いつお目にかかるときも、端整な物静かな態度で私たちを迎えて下さり、そして哲学的な、深い思索に裏付けられた会話がいつも楽しくはずむのだった。

その折、出席を快諾されて、パリ・フォーラムには、初日からずっと参加された。

第二日目は第一分科会の議長をつとめ、三日間を終始温かくサポートしてくださった。このときはすでにユネスコを退官されて、「大衆と文化の会」会長としてのご参加だった。

パリを訪れるたびに必ず博士との貴重な対談が収録された。パリ・フォーラムの翌年七九年四月、第三回ヴァン・クレ世界会議のあと、パリにまわり、博士の研究室をお訪ねしたとき、パリ・フォーラムに話がおよび、私が自分の思う一部しか伝えられなかった心残りを申し上げると、

「それはどういうときにもあることです。国際会議や国際関係は、十分に時間をかけることが必要です。そういう意味であのフォーラムは、第一段階として成功であったと思

います」とおっしゃられた。

そしてまた、

「国と国との理解とか、文化と文化の交流という場合には、ステレオタイプなイメージというものがある。たとえば、日本という国は、非常に好戦的な国民であるとか、経済大国であるとか――しかし、そういうイメージがあるからこそ、日本の文化の異なった面、特に、女性が平和への意志を強くもっているということは、日本に対する誤ったイメージを修正するのに、非常に大事なことです」

そしてまた、こうも言われた。

「社会学的に、人類の未来はこうなるであろうときまるのではなくて、どうあるべきかを考えることによってきまるのです」

次回第三回のケルン・フォーラムを控えて、下準備のため、ヨーロッパからアメリカ・カナダを回る途次、南仏ニースで、ラングラン博士と長時間にわたって対談する機会を得た。

博士は、プロヴァンス地方で夏のバカンスを過ごされていたが、この対談のために六〇キロの道のりを、ご自分で車を駆って私たちの泊まるニースのホテルまで訪ねてきてくださった。

ホテルのロビーで長い対談が続いた。途中で私たちは避暑客で賑わう、ニースの街のレストランに席をうつし、博士から昼食のご馳走にあずかりながら、さらに話が続いていった。

プロヴァンス地方の葡萄の話、オリーブの話、ロゼ・ワインをいただきながら、うちとけた会話の中で、ご家族の話にも進み、銀行家でコンピューター技術の面で世界的にも活躍しておられるご子息のことに触れられ、親と同じ道を歩いてほしかったとちょっぴり不満気な、どこの国の親にも見られる顔をのぞかせたり、夫人について「妻は、男性の智慧のほかに、女性の智慧のゆたかに深いものをもっている。宇宙の知性というか、子どもを産むことを通じて、女性にそういう側面があるということを、私はいつも尊敬している」と言われ、続いて「生涯を通じて、いろいろな女性や女性グループとの出会いがあった」とちょっと言葉をとぎらせて、「私は女性から人生に非常に大きな影響を受けたと思う」と語られた。また「私は従順でなかったので、少年時代にはイエズス会の学校に入れられ、また公証人になれといわれたけれど、十七歳のとき法学をやめてその後

1980．8．対話するラングラン博士と野村理事長（ニースのホテルのロビーにて）

アランとの出会いがあって、文学に転向したのです。このとき二年間受けた教育で、考えることや哲学を学び、それが私を目ざめさせたのです」と。そして、いま滞在しているプロヴァンス地方について「南仏の農民たちは自由で闊達で、例えば私の庭師は七十歳の農民ですが、現実の判断力とか、人生に対する考察もすぐれていますよ。彼とは人と人との関係でつきあっています。南仏には、まだまだそういう人がいるから、だから私はこの地方が好きなのです」と語られた。

こうした対談の中に博士の人間性のぬくもりや親しみがこめられ、ご馳走になったヴィヤベースの味とともに一層忘れがたいものになっている。

ニースの碧い海とともに、いつまでも私の中に生き続ける心象である。

この日は、ちょうど第二次大戦のニース解放三十六年目の記念日だということで、夜のニース海岸は軍楽隊やプロヴァンス地方の風俗をした若い男女の踊りを見物する人たちで埋まった。海上に花火が打ち上げられ、やがて海岸通りの街灯だけが静かに道を照らすころまで、私は夜の海を見ていた。この思いがけない記念日とのふしぎなめぐりあいに心を打たれていた。

八五年九月、パリを訪れたおり、前日スイスのローザンヌのセザンヌ展から帰られたばかりの、ラングラン博士は、こころよく求めに応じて、車を運転されホテル日航まで出向いてくださった。

久し振りにお会いした博士が、お話に先立って、この間あなたの経歴を見ましたらとおっしゃられて「マダム・ノムラの家も醸造家ですね。私の父も醸造家でした」と話される言葉に、人間ラングラン氏が温かくにじみ出ていた。ホテルの会議室での対談はそれからいつものようにたのしく続いた。

次の対話は、八〇年、ニースのおりのものである。

生涯教育の推進について

ラングラン氏　ユネスコのために私が八〇年に編集したパンフレットを一部さしあげます。これはユネスコが世界における文盲教育について、その世界状況について二年間にわたって調査したものの報告書です。その研究の全体まとめを私に依頼してまいりまして。調査の結果で非常に興味あることは、この調査の前からある程度予測された事実が明確化されたということです。どういうことかというと、文盲は開発途上国だけの問題ではなく、先進国といわれる国、アメリカとかカナダ、イギリスも、けっこう文盲率が高いのです。アメリカの例では、国民の一〇パーセントが書く能力をもたず、人口の二〇パーセントが読み書きに劣っていることがわかったのです。

英国の場合は、五年前に文盲教育の計画が始まったわけです。

今日はマダム・ノムラと、そのお友だちにこのニースでお会い出来ましたことたいへん嬉しく、私の喜びをお伝えしたい。

野村　パリを逃れてお休みのところへ私たちがうかがい、ご静養を煩わされているのではないでしょうか。

ラングラン　私の生活は休養と労働をまぜあわてせおりますので、どちらにしろ、皆様方とお会いしますのは喜びです。

野村　今回は英国でのWEF大会のスピーチと、次回フォーラムの下準備にまいりました。

ラングラン　そのＷＥＦの会議は興味あるものでしたか。

野村　はい、いろいろ教えられることがあり、こちらからも提供することがありました。もちろん、まだ世界では生涯教育模索の段階と思いますが、そういう情報を交換しあえたということがよかったと思います。向こうの団体は大体教育界にいらした方々が主体になられ、それに準じた各国からの参加者で、私たちは家庭婦人です。そこで特徴として出て来たことは、皆様の模索している段階を私たちは理論的な追求と同時に具体的に家庭、学校、社会の統合をはかる実践的な活動を主体としていることで、その意味で提供しあうものがたくさんありました。

ラングラン　教師というのは非常に視野が限られており、教育は、学校に限るという考えの人が多いのです。教育とは、もっと広い意味を持つ広汎なもので、個人の生活全部をカバーするものと考えるまでには、まだむずかしい点があります。

先ほどマダム・ノムラが、生涯教育はヨーロッパでは、まだ進んでいない印象をもつと言われたが、それにはいくつか理由があるわけで、一つは教育界にそれに対する抵抗がある。彼らが分業ということを考えていることと、それにまつわる利害があるということから眼を開くことが妨げられている。

第二の理由は、第一の理由よりも強い傾向を持っている。これは行政ですね。教育政策をたてたりする、文部省とかの抵抗が強い。これについて今から説明します。

人間にとって、生涯教育とは何かというと、個人のめざめであると思います。めざめて自身の自由と独立を獲得するということです。しかし政府とか権力とかいうものは、社会の規範、基準、体制というものをそのまま受け入れる人を望むわけです。ゆえに学校教育の課程というものも、既成の知識、歴史、哲学における解決策を与えるということで、決して自分の経験から自分の考え方をつくってゆく、建設してゆくことを望まないのです。

こうした条件下に、非常にわれわれは矛盾した状況に直面するわけです。

ユネスコの主催する教育に関する国際会議の状況をみると、生涯教育に対して非常に好意に満ちた声明がいつも出されています。その報告書の中には生涯教育は未来における教育の基礎となるものである、の意が含まれています。つまり公式には国際的にも生涯教育は認められているのです。ところが言葉の上では、すでに成功しているが、実際の状況は、そうではない、それが矛盾だというのです。実際にはユネスコ総会、国際教育会議に政府の代表が会議に出ては良いと言い、国に帰ると何もしない。（笑い）

生涯教育を本当に推進するのはわれわれ、つまり政府の人間ではない、また教育に関して硬直的な概念を持っていないわれわれの仕事ですね。私がいま名誉会長を務めている「大衆と文化の会」という組織も、伝統的な外面よりもっと広い意味の生涯教育をずっとつづけ広めようと活動しています。

ここで申し上げたい事は私は成人教育と生涯教育とを同じとは考えていないのです。しかしながら一般的に生涯教育を推進するにあたって成人教育が果たす役割は重要なものがあると思います。まず一つは成人教育を受ける人が自由に自分で決意し選択するということ、これは非常に重要だと思います。成人教育の基礎となるものは、市民のイニシアティブというもの、それは個人の解放、自由につながるものです。

次に成人教育の機能や、方法、構造において学校教育に限られていないということ、つまり伝統的なやり方に比べて非常に自由になっているということ。討論とかグループ作業、個人が集団的なものに参加する。あるいは生きた意見の交換というものが教師と教えられる者との間にある。これは全く学校とは違う点だと思います。このように革新的な方法がとられている。これを遺産として、生涯教育にも受け継ぐことができるのではないか。

このように成人教育は生涯教育において重要であるが、それだけでは十分ではないと申し上げたい。教育というものは継続的な課程です。幼児の時からずっとあるわけで、その幼児時代の教育に、独立とか、自己の意識の獲得とか、自分のやり方での勉強とか、それらが得られなければ、逆に従順さとか、権威をそのまま受けるとか、従属とかのやり方で教育されていれば、大人になったとき問題が生じます。そういう意味で教育は継続的な課程です。

このような理由からわれわれは非常に大きな失望を感じていますが、同時に、希望も持たなければ、そしてどこでも至るところに同盟者を求めなければならない。

野村　そうですね。本当に。

万人を納得させるものとして

ラングラン　女性の運動の中にも、労働者の世界にも同盟者を求めなければ、そしてどこでも至るところで、活動と研究とのつながりを、研究と実行とのつながりを求めなければならない。

そして世論がそうした活動により自覚に立ってきて、はじめて構造が変えられ、政府も、政治家も世論を受けて変革せざるを得ない。しかし同時に学校教育を戯画化したくない。至るところで先生の中に自覚をもった生きたイニシアティブをとっている方、既成の重いものをはねのけて、革新的なものをやっている先生も学校教育の中にいらっしゃる。この人たちもわれわれの重要な同盟者です。学校の陣営と非学校的教育の陣営というものは、全くその間にコミュニケーションのない対立するものとしてはならない。お互いを通じさせねば。

野村　お話をうかがっていますと、私たちの二十年の歴史が歩んできた道そのままです。このたび生涯教育全国大会の第十二回を開催しましたが、これまで何年来、文部省はじめ行政の方々、現場の先生方、社会のあらゆる階層の人達に呼びかけ、いつもその方々と対話をつづけてきましたが、ようやく今までの無理解さや、それぞれ専門分野にセクト化した考え方に少しずつ動きが出てきまして、三者が一つになって活動してゆけるところまできたわけです。今日までは、全部阻害の歴史、無理解の歴史でしたが、ようやく、日本のあらゆる分野の統合が実践的に定着してきた感じです。

ラングラン　重要なことは継続的に、基本的に重要なことを絶えずくり返してやってゆくことだと思う。そこに変化を起こさせるためには、理論的な、知的な貢献と、具体的な状況に即した実践的なものと、二つを結び合わせることが重要だと思います。

野村　そうですね。私たちはどちらかというと理論的、制度的なものからの出発よりは、直接そこに子どもたちが非行化する、人間性が失われてゆく、その現実の生きた人間に起こっている問題をみたときに、何をしなければならないか、の中から出てきた実践活動でした。人間がどうあるかの問題、即人間教育の問題ですから、当然、制度を扱うもの、教育現場を扱うもの、子どもを持つ両親、あらゆる人びと、機能、役割が一つになって、これにとりくまなければ人間の問題は解決できないことが、現実の問題から割り出されてきました。
私たちの動機はそこからのボランティア活動でしたが、またそこには万人を納得させ得る、活動の裏付けとなる理論が当然必要となります。私は生涯教育の理論の構築を、私の長いいのちのルーツの中に息づいている、伝統的な文化のソースというか、ものの見方、考え方の根底をなす哲理に求めました。そして、その哲理が日本の独自性を持つと同時に、世界性を持ち、万人の理性を納得させ得る合理性、客観性をもち得るもので証明を得なければならないと思っているのです。そんな構想の組み立てを今日まで実践と共に理論づけてきたように思います。

社会にアタックしてきた二十年

ラングラン　日本の伝統的な価値というものを、その中にいれながらということですね。

野村　そうです。

ラングラン　そういう日本的な伝統的価値を入れながら構築される理論というものは、非常に私たちヨーロッパ人にとって重要であり興味あるものです。英語や仏語で出ているものがあれば、ぜひ拝見したいです。

野村　実際の年間の活動は、ものすごく膨大なものになりながら、それを資料として発表するのがおくれていて、とても残念です。

ラングラン　この前パリ・フォーラムで、マダム・ノムラやその他の方々の話されたことで、日本で活動を展開されているかということは、基本的にどういう原理に立って、日本で活動を展開されているかということは、ずいぶんコミュニケーションがあったと思います。
私は、教育に対して考え方としては全くマダム・ノムラと同じですけど、ただ教育というものを考えるに当たって、少し慎重であらねばならぬと思います。教育の役割もありますが、教育だけですべてを変化させることはできないことで、社会の問題も忘れてはならない。たとえば具体的な生活条件、世代間の問題、いろいろの社会問題があるわけですね。
さきほどおっしゃった行政、教師、父母との間のきずなをつくっていくことは非常に大切だと思う。しかし同時に具体的な生活の物質的な条件も考えていかなければならない。

野村　そのことですが、先ほど申し上げた教育行政や教育現場と子どもを持つ両親の三者が連携することが、そのことをも兼ねることにはならないでしょうか。三者の連携が単なる狭い教育界に限っていることにはならないと思います。と申しますのは、子どもを持つ親たちというのは、あらゆる階層の職場、職業を持った人たちということになりますから。

その意味から私は、いつも、子の親であり、親の子であるすべての人びとという意味で、政治の世界、経済の世界、資本家、労働者、司法警察の世界へも、あらゆる社会の階層へ呼びかけをしています。そのように人間であり、生活者である、あらゆる階層の領域を統合的に考えた上で、教育というものをワイドに考えてゆきたい、そう思っているのです。

身近な足下の具体的な問題から、戦争や核の問題までをふまえながら、生活の場で、職場や社会の場でとりくみつつあるわけです。いまラングランさんがおっしゃったことは、そのことだと思いますが。

特に本年の三月には企業界へ呼びかけ、経団連会館で生涯教育の国際講演会を開きました。日本が経済大国といわれるだけに、経済界の動向が国や世界を大きく方向づけますから、私たちもその動向には目をむける必要が大いにあります。それで本年三月の企画になったのですが、経済界の協力でたいへんな盛会裡に終わりました。

ラングラン　私は皆様方のやってらしたことにたいへん同意を示しますし、非常にいい道を行っていらっしゃると思います。私は今後、日本で生涯教育がどのような発展をみせるかとても興味を持って見守っています。というのは日本という国は非常にまじめでして(笑い)、何かはじめると最後までちゃんとやるという、これは私の国とはちょっと違い、私の国では行きあたりばったりで、途中で放り出したり、つまり即興的な面を持っています。これは私のコメントになるわけですが、私も友人も日本で生涯教育の分野で、どういうことが行われるか、その他政治や経済の分野も関心があるが、とくに生涯教育に関して興味を持っています。

野村　ラングラン氏が理想とし、強く要望されているものが、私たちの実践している内容と一致すると思います。それからこれは日本の国の閉鎖性かもしれませんが、社会の組織や機能が実に孤立化、セクト化している分野の多い中に、特に女性であり、家庭人である私たちが、アプローチしていくことは、たいへんな作業でした。しかし、私たちのこの二十年の歴史の中に一つ一つ実ってきている実状を通して、生涯教育においては、日本がわりあい早く理想化してゆけるのではないかな、これは私の甘さかしらね。

ラングラン いやそうは思わない。日本が最初に理想化してゆける国であると思う。

野村 ある国際人が私たちの大会に参加なさり、「とにかく年齢的には0歳から九十歳まで集まっているグループで、しかも社会のあらゆる階層が全部ふくまれ、それが、なおかつ理念の主張だけでなく、本音を出し合って、人間の問題を扱っている、おそらく世界中でこういうグループはないだろう」と批評なさいました。こうした評価からいっても、きっと一番むずかしいことを、もちろん完璧ではないが、ある程度わたしたちは具現化しているのではないか、その意味で博士の主張に一致することを喜んでいただきたく報告したわけです。

ラングラン まだ完全ではないが、とおっしゃいましたが、不完全であるということは、完全を補うものであり、完全であることを構成する大きな要因の一つです。(しばらく笑い止まらず)

野村 ありがとうございます。

日本の精神性と西欧の精神性

ラングラン 私は日本の歴史というものを詳らかにするものではございませんが、日本人が変化とか革命というものを起こすに当たって、非常に大きな可能性を持っている人種であるということは知っています。たとえば十九世紀の明治という時代が、半封建的な社会が近代化するのに数十年とかからなかったという事実をみても、また日本が第二次大戦で非常に大きな悲劇に襲われた後も、いかに迅速に復興したかということをみても、それがたいへん短い時間に民主的な社会になったということをみても、日本という国が教育の構造を変えるに当たって、これまでと同じように、早くまた真剣にこの問題にとりくんで行くであろうと、信じて疑いません。

野村 パリ・フォーラムは、私たちにとって国外に出て初めて主催した国際会議でしたし、時間的にも不十分でしたから、心残りがいっぱいあるわけですが、会議を通してより多くの理解者を得たことが、私にとって何よりも大きな収穫でした。そのお一人がもちろんラングラン博士であり、オーストリアのマイヤー教授もそのお一人です。今度、ウィーンでマイヤー教授にお会いしたときに、やはりラングラン博士と同じように、日本を見ておられ、日本や、センターに対する深い期待を話されましたそれに対して私たちは応えてゆきたいと思います。

一つ言えることは、明治から日本の近代化の百年の教育は、西欧の科学技術文明の恩恵の中でいろいろの開発を行ってきました。しかし西欧のその背景にある価値や倫理を伴わずに、単に分化した専門科学だけを輸入したと指摘されています。さらに第二次大戦の敗戦によって、教育の根幹を失った日本の戦後の教育が、若い人たちへ与える影響は大きく、伝統的精神性の喪失のなかで物質的価値観の中で、人間性の失われてゆくことを、私たちはいたむのです。日本のためにも未来の世界のためにも、人間教育の復活を急がねばと、思います。長い歴史の中で、日本が西欧や多くの世界から受けた恩恵に対して、今度は世界にお返ししていかねばという意味においても、国内的にも、国際的にもきっと日本はこれから世界の期待に対して応えていかなければならないと思います。

ラングラン　私は日本は、地理的、文化的、歴史的にみましても、間を渡す橋となり得るものではないかと思います。東洋には、伝統的に中国とか、その他東洋諸国もふくめて、東洋の価値というものがありますね。日本は同時に技術的にも非常に進んだ先端を行く国です。日本はそうしたアジアの、特に極東の精神的な文明と、西欧の科学的技術というものの橋渡しをすることが出来るのではないかと思います。日本は西欧の物質的な、あるいは技術的な文明に魅惑された、ということはあるかと思います。

しかし西欧の文明には他の側面もあるということを考えていただきたい。伝統的な哲学、ギリシャ以来の精神的なものもあります。西洋文明の中には宗教的遺産もあり、これらはいまだに生きている遺産であり、絶えず生きつづけ、生まれ変わっています。その例が最近ローマ法王が新しい息吹を教会に吹きこんでいます。このように西欧文明の中にも精神的なものが生きつづけているわけです。

西欧文明とは物質的なもので、東洋の文明は精神的なものであると、二つにはっきり分けてしまうということは、正しいことではなく、この両方がまじり合っていると考えるのではないかと思います。

野村　たしかにそうですね。

ラングラン　精神的なものというと、たしかに東洋のものと、西洋のものは違いますが、両方とも精神的なものということには変わりないと思います。ただ形態がちがう。

野村　そういう意味で、たしかに唯物論的、唯心論的に分けて論ずること自体おかしいことで、人間一人をも、精神と物質とに分けることはできないし、存在はすべて両面をもちますものね。しかし今の時代は、東洋も西洋も両方とも精神性が失われているとみるべきではないでしょうか。

それから博士が形がちがうとおっしゃったように、両者の特徴はあるだろうと思います。その意味で私は使っているわけです。これはイギリスでも出た話ですが、一人の人間のパーソナリティの中身を見ても、そこに感性的なもの、理性的なものとありますね。その調和というものをはかってゆかなければ、そうすると、そこに理性的にすぐれた人と感性的にすぐれた人とあるわけで、それは個々人に相違もあると同時に、また人種、民族についても考えることができるのでしょう。そういう意味で、アジアとヨーロッパを比べると、どちらかといえば、西欧は合理性とか分析力とかの面ですぐれているだろうし、東洋は、非合理性とか統合性、総合性の面に特長をもつように思います。同時に男性と女性と、これも同じに特徴づけて比べられるんじゃないか。だから大切なことは、いまこの相反する二つを調和してゆく必要があるのだろうと思うのです。

それから日本を大ざっぱに東洋的なものとしてしまうとしたら適切ではないかもしれません。東洋の中でも、大陸に続かない日本は地理的条件や、風土気候とかの特殊性にもとづいた、古来の国民性の特徴があるでしょう。そして外来文化の儒教、仏教、キリスト教とか、科学技術文明とか、世界の異質の文化を包摂して持つ重層的特長をもつように思います。

特に明治以降の日本の近代化の教育は西欧の科学的思考方法をとり入れていると思うわけですね。むしろ欧米ナイズされた日本があるわけです。

存在することを学ぶとは
――ハンブルク教育研究所について

ラングラン　私はここで、ユネスコのハンブルクにあります教育研究所で三年来やっております作業について、お話ししたいと思います。

ユネスコによって二十五年前に創設された機関で、教育発展のためのユネスコ研究所という名前です。国際的な教育における発展ということで、ユネスコより、もっと自由があるわけです。それは行政的な事務面の煩わしさがないということです。

この研究所が六、七年来、特に生涯教育に関心をもっています。ここには、たとえば哲学者、社会学者、経済学者、その他さまざまな学者が集まっており、もうすでに何回か会合がもたれ、生涯教育の問題のある程度の側面があつかわれています。すでにいくつかの資料も刊行され、生涯教育の基礎について、哲学的面、社会学的、経済学的、教育学的な面とかを扱っています。二年前に、その研究所が集大成した「一九七八年における世界の生涯教育の状況」で、私もその中に、言葉の上では成功しているが、実行の上では、まださまざまな難問があると、生涯教育の矛盾する面について書いています。

私はこの研究所で次のように提案しました。私が重要と思ったことは、学習するということです。フォール委員会の報告でも、「生きることを学ぶ」というようなことが書いてあります。もっと正確にいえば「存在することを学ぶ」ということです。伝統的な学校とか、大学の教育は、知識を学ぶということになるけれど、それではなくて、自分が何者かになるという、存在を学ぶ方が重要であり、これが生涯教育ではないか。これは哲学においても、所有することと、持つということと、存在することの違いになるわけです。

ですから教育の目的とするところは、人間の中にあるものを絶えず伸ばしてゆき、存在そのものを豊かにしていくものではないか、そして存在することを学ぶことによって、その学習を通じて、また存在のさまざまな違いを学ぶことができるわけです。たとえば数学、歴史、地理、あるいは文学、科学、こういった学科の知識を獲得し、あるいは所有するということではなくて、こういう学科は自分独自の存在というものを実現するための道具になるわけです。その所有そのものが目的でなく、人間の存在そのものが本来的な存在になる、それの側面は第一にコミュニケーション、伝達、その伝達を人間が可能にするということ。

そこで言語の問題が出てきます。即ちあらゆる表現の手段ですね。人と人との間の伝達、コミュニケーションを可能にする言語というものをいっています。この側面が伝統的な教育では無視されています。

二番目の側面は肉体、からだの問題です。西洋では、大学の教育計画であるとか、学校教育において体という側面が無視されている。この身体というものは、一つの現実であってそれも考慮しなければ、もちろん人間存在の発達の中心的なものではないが、今朝ほどマダム・ノムラが西洋の教育は、合理的、分析的とおっしゃったとき、やはり身体の側面を無視していたからと思います。体というものが感性とか、表現とか、また性的なものを表しているものです。こういった体の側面を無視すると人間は抽象的になってしまう。

そして人間の基本的なものが無視されます。存在することを学ぶ、人間の存在をいう場合に、肉体、身体というものを無視してしまうと、基本的なものを忘れ去るということになります。

第三は、発達における重要な側面です。これは時間です。あらゆる現象が、すべて人間が何者かになる、存在するということに貢献するのであって、過去、現在、未来もすべての時間が、人間であるとか、文明は消えてゆき、歴史的なものになってしまう。しかし同時にまた滅びながら生まれ変わってくるものです。それがこの生涯教育の哲学的な基礎の一つになります。

これは死と生というものも、時間的な面から考えると、死は生の中にあり、生は死の中にあるわけです。それが生涯教育の基本的な現実の一つになるのです。そうした生と死との関係を知らない人間は自分の存在そのものを知らないことです。

第四の次元は、空間です。ある存在というものは、ある空間の中に存在するものである。そしてその空間を理解する、自分の環境を理解する、その相対性を理解するということが、また自分の存在を理解するということに結びついてくる。文化的な空間、精神的な空間、今朝ほどお話が出ました、西洋と東洋との相対性というものを知って、その間の交流に豊かさを見出す、それがやはり自分の存在を理解するということに結びついてくる。

第五の重要な次元は、これは創造性です。芸術的な創造性であります。

第六の次元は、科学的な精神です。これはさまざまな疑問を投げかけることを知る事です。

世界に対して好奇心を持つ、そして発見するという科学的精神です。

今まで述べたことは、すべて各存在の特殊性に対して必要なことです。これは抽象的な存在ということでなく、抽象的な存在に対する具体的な存在という意味の存在であります。

それから第七の要素は、政治的な現実を知るということ、これも従来の教育では無視されていたのです。

第八の次元は、人間における「技術的な側面」です。

第九の重要な点は、モラルを持った人間ということ、このモラルとは価値観というものですね。人生そのものに意義を見出す。

世界はなぜ存在するのか、その存在の背後にある意味、価値、そうしたものを持っている人、これは宗教的なものにもつながるかもしれません。これはモラルを知るということでなく、自分に対する認識、自分が精神的な存在であるということを認識するという意味のモラルです。

これらのすべては、人間を形づくってくるものです。人が大人になり、成熟するためには、そのすべてが揃わなければならない。それでないと人間は自分の存在に対して疎外されるし、自分自身に対して異邦人になるでしょう。

なお、ハンブルク研究所から依頼された、「存在するための学習」の基本となる理論の研究の分担は次のようです。「コミュニケーション伝達」「時間」「空間」「芸術の創造性」「身体」「科学的精神」「政治的な側面」「技術的な側面」「モラル」の各分野を、各国から優秀な研究者が出て作業を担当しました。

人間と環境、人間と自然について

野村　そうでしょうね。だから考える頭と実践する体をもっている一人の人間のシステムをみても、考えながら実践し、実践しながら考えて行動しているのでしょうから。それが社会という大きな組織になったときにも同じで、理論的構築をしてゆく人たちがあり、実践を主体にしてゆく人たちがあり、両々相まってよりよい創造がなされるのでしょうね。社会のいろいろな側面が、それぞれ特色ある機能を果しながら、徐々に構築されているのだろうなと思います。しかしあくまでも、人間一人ひとりは理論と実践の統合者にならなければ、それが人格の陶冶でしょうから。

ラングラン　プラトンの著作に、人間のさまざまな多様的な面をもっていることを表すのに、プラトンは、人間には精神をあらわす頭と、そのほか心と腹があり、頭、心、腹は三頭立ての馬車のようなもの、それが人間であるといっています。頭の意味するものは、これは合理性、理性であるとか考えるのが頭。腹というのは欲望をあらわし、そこから力も生まれる。心は情熱、寛容そういったものです。この心、頭、腹の三つの要素を人間はもっているという表現をしています。

このプラトンの思想はアランにも受け継がれており、人間というものを理解するのに腹のみで理解している、つまり欲望とか利益というものが人間を動かしていると考えることが多いが、実際にはそうではない。むしろ心が人間を動かすことも多い。その心というのはたとえば名誉などです。戦争はマルクス主義者などはこれは経済的利害が引き起こすものといっていますが、そうでなく戦争をよくみると、むしろ情熱とか名誉といったものが戦争のきっかけになっていることもあります。名誉のためにあらゆる他のものを犠牲にすることがあるわけです。いまマダム・ノムラのおっしゃったことを言いかえれば、このようにもいえるかもしれません。

野村　そういう考え方、存在のあり方を、もし私が表現するとすれば、東洋人の考え方になりますが、それは心と体と環境を一つにして人間の存在をとらえます。心・身・環境を相依相関の関係でとらえます。この人間観は、また世界観であり、宇宙観とも同義語になるわけです。精神的なもの、つまり心とか、意思、感情とか、眼に見えない物質をはなれた世界と、物質である身体とを不可分に見る見方、心と体とは離れようのない同時存在が人間でしょう。

そして、さらにその人間を存在させている環境世界をも、一つにしてとらえて人間の存在をみる見方・心・身・環境を不即不離にとらえる人間観、世界観です。

人間は時間空間の中に生きています。つまり、垂直的次元で時間的変化の中に人間をとらえ、水平的次元で空間的同時関係の中に人間をとらえる。これは自然の構造の中にとらえた人間の存在と、位置づけです。

そしてこの位置づけから、おのずから人間の価値づけもまた導き出されてまいります。人間の頭で考える、人間の位置づけ、価値づけでなくて、純客観的に自然の構造、秩

1982.10. ICAE（世界成人教育協議会）パリ会議　左端、挨拶するミッテラン大統領　中央がラングラン博士

序の中から、自然の道理の中から人間のそれをとらえてゆく。それは叡智だと思います。理知をこえた叡智だと思うのです。

自然の中の一物としての人間は、主体者であると同時に、一個の客体的存在です、それゆえ客観的に見る眼が必要になります。そこからは決して人間が自然を支配する思想はでてこないのです。生物的、客体的存在の側面があるのですもの。

ラングラン　たしかにそうと思いますが、しかし考えるのは人間ではありませんか。人間が自然について考えるのであって、自然が人間について考えるのではない。考える主体は人間ではありませんか。

野村　認識主観としての我はありますが、存在そのものは認識以前の実在です。

知る認識主観と、知られる客観の世界とは同時的相互依存の関係で成り立つと見るべきではないか、知る私があっても、知られる世界がなければ私は無に等しく、また知られる世界があっても、知る私がなければ世界は無に等しい。知られる世界と知る私とは表裏一体で、相即してある。

ラングラン　たしかにそのように自然と世界と人間との対

話、しかしあくまで考える主体は人間ではありませんか、人間のすばらしさは、自然の中にあって、自然について考えることができるところに人間のすぐれた点があると思う。しかし自然が人間について考えるということはないでしょう。

野村　でも、人間を存在させる世界がなかったら、存在する人間はないということです。

ラングラン　たしかに存在の次元ではそうです。しかし認識の次元では人間が考える。

野村　今まで存在の次元と認識の次元は別々に考えられていた。しかしそれは認識するための一応の手段であって存在と認識は切り離して考えることは不可能です。

さらにまた人間の認識を超えた世界もあります。永遠とか、無限とか未知の分野が――。認識は人間の能力の一部であり、存在の一部の認知ですが、存在は認識を含めたすべてではないかと思います。

ラングラン　その点については、そう思えない。人は己自身を知れば、世界を知ることができる――そこのところが問題です。

野村　認識することはできますが、認識を超えた世界があるわけでしょ。認識以前の実在の世界は、たとえば人体の心臓を動かし、呼吸を誰の命令でしているか、すべてが大自然の調和の中にあると思うけれど、人間の体そのものがシステムですね。誰の命令によるものでも、操作によるものでもない。だから心臓の働きや構造は知ることはできるが、その運営者でもなければ、人間が製作者でもないはずで、その意味において人間の認識を超えた世界があると見るべきではないか。

ラングラン　むずかしい。たしかに同意すると確信をもっていえない。おっしゃるように、自然が機能するのを人間が命令することもできない。人間が生まれるということも人間が勝手にできない。しかしある程度は人間も自然に介入する。自然の発達に介入する。

つまり私どもの世界では、空に浮かぶ雲でさえ人間的、自然すべてが人間的である。

どういうことかというと、たしかに宇宙のどこか片隅に人間の住んでいない星があるかもしれない。しかし、われわれの住んでいる星では人間が至るところにあり、その自然的な環境をかえたりしています。たしかに人間が自然の中に自分を見出しているわけです。雨が降るとか降らないとかは、われわれが勝手にすることはできないが、自然の中で働く役者であり、考え、また変えるものであり、そういう役を果たすものとして、人間というものがあります。

野村　そうですね。だから結局二面で見てゆかなければならないのでしょうね。認識する意味においては、人間は主体者です。それと同時に自然の秩序の制約の中に生存する生物でもある。些細な例を挙げても、空気中の酸素が十分でも、二十分でも止められたら、認識するわれもなくなるし、生存がなくなる。そうすると、われが主体者であると同時にわれわれを存在させる世界とは、同時に依存の関係の上に考えなければならないのではないか。どちらが後、前でも、優、劣でもなく、われと世界とは相即してある。表裏一体だという見方が大事ではないかと思うのです。

ラングラン　たしかにおっしゃる通り。それが今現在大変な問題になってまして、人間が酸素さえもコントロールしていることで、たとえば町をみてもその酸素がたくさんあるかないかを人間がきめている。そこに今の大きな問題がある。

野村　その意味で両方の立場からが必要ですね。生かされている存在を忘れて、認識する自分という主体者の一面からだけだから、自分で自分を抹殺してしまうような、愚かなことをするのでしょう。大気汚染や、海水汚染、大地の砂漠化、核使用等の自然支配の暴挙など。だから、存在させる世界があるから存在する私があるという、もう一面を同時に考える。いわゆる相即して考えるという思想がもし理解された場合には、人間は自分の首を自分で締めるようなことはしなくなるだろうと思います。

ラングラン　今おっしゃったことに反対ではないのですが、自然と人間との対話において、ただ一つの違いは、人間の方が思考する点ですぐれているということではないか。ということは思考から行動に移して、消え去った自然を人間がとり返すことはできる。これが人間のすぐれた点ではないかと思う。たとえば、地中海は非常に汚染されて、そして全く地中海そのものが棲めなくなっている。しかし人間がそこへ介入して地中海の自然を生き返らせることができる。

野村　そうでしょう。そうすると生き返らせるということは、すでに破壊してからのものをとり返すんでしょう。もし、これが自然とともに共生しているという智慧を持っていたら、自然の道理がわかっていたら、破壊する前に、とり戻す前に破壊しないだろうということです。

ラングラン それはやはり理想の世界です。

野村 人間が愚かだから、自然の構造や自然の秩序がわからないから、だから人間の小さな才知でよかれと思ってやったことが破壊に導いたわけでしょう。愚かさにようやく気がついたから、それをとり戻そうとしているわけで、だからもっと本当の叡智にめざめていたら、破壊する前に気がつくはずです。

ラングラン しかし、われわれが今住んでいる現実の世界を見た場合、考える人間が正しい思考をもって、自然に対さない限り自然が破壊される。そういう意味で、私は人間が……。

野村 開発されなければならないわけですね。ここまで追いこんでしまったのだから、そういう愚かさをくり返さないためにも、ただとりかえしがつかないというものでなく、どこに間違いがあったかに対する、より大きな抜本的な人間の愚かさに気がついていかなければならないだろうということですね。

ラングラン 自然という場合、いわゆる大自然の自然と、人間の中にある自然の傾向というものがあります。

人間は本来的に動物ですから、動物としての自然をそのままにしておけば、心と欲望だけが走って、結果的には自然そのものを破壊してしまう、そこで頭というものが重要だと私は考えます。

野村 それはそうですね。自然という問題がまだどこかに一致点が見出せないままのように思いますが、私が言います自然は、宇宙の実存そのものの自然なのです。

その持っている叡智というものは、とても人智がまだまだ及ばないものだと思います。人間がもしも理性をもって考える力、それを理知というならば、本然の世界、いわゆる実存の世界が持つ知慧を私は叡智と言います。この叡智と理知の違いだと思うのです。聖賢はこれに近づく人でしょう。

ラングラン さっき三つの要素を申し上げましたが、三つ全部が揃わなければならないのであって、その英知という場合、必ずしも動物である人間の中にある法則にしたがい、それを聞くということではないと思う。やはりその法則を感情の中に入れて、そして判断するというのが英知である。その動物としての人間の中にある法則だけにしたがっていることは、その三つの要素すべてを整えたことにならない。つまり価値のハイアラキー(階層、階級組織の意)、これを打ち立てることだと思う。宇宙ということを、おっしゃいましたけど、宇宙は無限大であり無限小であり、無限中でもあり得るのであって、非常に大きなもので、人間の中にも宇宙として存在するわけです。人間も宇宙も一つの法則にしたがって生きています。

野村　あらゆる存在は細胞下レベルから大宇宙に至るまで一つのシステムで、一貫した整然たる秩序法則の中に、人間を含めたすべての存在がありますね。人間の分野だけがこの秩序を乱しているのだろうと思うのです。

ラングラン　これはわれわれが今見ている現実がこうなんですね。

野村　そうですね。先ほど博士も女性という存在は、大きく深いものであるし、宇宙の知性と直結した叡智をもっているとおっしゃったように私はうかがったのですが。

ラングラン　先ほど実存、存在ということを、これは人間の自然の要素としての人間というものに、より女性は近いといったわけです。やはり男は頭であるとか、名誉、心とか、情熱とかいうものが中心になりますが、女性の方はより英知をもっている、より自然に近いというように私は感じます。

これは車の運転を見るとわかるわけでして、男は互いに競争して人を追い抜かし、自分は勝とうとする。それに対し女性は、車の運転というのはある場所からある場所へ移動するためと考える。その意味で女性の方が自然です。男は気違いみたいです。そういうように競争する。これは哲学でチュモスというものが優先しているわけですね。

野村　チュモスとは?

ラングラン　ギリシャ語で〝心〟という意味。男はやはり英知というものとは反対のものです。

今までお話しいただいたこと、お互いに話したことは、私がやりました作業に密接な関連があることで、人間が存在するにあたって、ただ単にそこに存在するというものではなくて、調和をもって発達するという意味の存在ですね。自然の要素と、宇宙ということ、そういったものも考え、なおかつ人間の頭といったものを考え、そして個人と集団といったものを、どのようにうまく調和して行くかということを考える上で、非常に貴重な対話でした。

次回フォーラムについて

野村　楽しいお話し合いは何時まで続いてもあきませんが、最後に具体的な問題に入りたいと思います。

1982.12.　第3回生涯教育国際フォーラム（西ドイツ・ケルン）

今回は次の第三回フォーラムの下準備のためにこちらにまいりました。私がヨーロッパでフォーラムをもつ大きな願いは、東洋と西洋の文化、歴史の違い、ものの見方考え方の違いに、より深い理解と一つの統合をはかることです。一面にはいま人類が大きな不幸や危険にさらされていますから、人びとの出会いの中から叡智が、善意が結集され、大きなパワーになったとき、人類はよりよい方向を探し出せるのでは——そこへの願いをもつのです。

ラングラン　人類の不幸というよりも、むしろ大きな脅威ですね。

野村　そのために異質の統合をはかる必要を感じ、それを言葉に出しているわけです。異質というか今まで理解し得なかった者同士の——。

ラングラン　今おっしゃったことを、先ほど私が申し上げたことに関連して、つまり「存在することの学習」ということで申し上げますと、コミュニケーションの問題ということになるのじゃないか。何が伝達コミュニケーションを阻害しているのか、それをよりよくするためにどうしたらよいのかということを考えられるのではないか、世界の統一ということから今言われたような、東洋と西洋の対話ということは、やはりコミュニケーションの問題といえます。

コミュニケーションという場合には、非常に具体的な側面があると思います。言語の問題とか、偏見、偏見も好意的な偏見と悪意に満ちた偏見と、プラス、マイナス両方あるわけです。そういうものを明らかにする、それに光りをあてるということですね。

言語といっているのは私は別に日本語とか仏語とか英語とかだけをいっているのではなくて、その他に考え方とかも含むわけです。さまざまなコミュニケーションを阻害するものがある中で、それがどういうものであるか、それを発見して具体的にいかに克服するか——。

野村 偏見の中に無知ということがあるのではないかしら、知らないということが——。

ラングラン その通りだと思う。けれども無知でありながら、なおすでに偏見をもっている。

野村 特にヨーロッパの方々と私たちの間にある大きなアンバランスは無知といえるのでしょうか。ヨーロッパの文化を私たち日本人は、百年の近代化の中でずいぶん受け入れてきました。ところがヨーロッパからはあまり日本文化は受入れられていないという、大きなアンバランスがあると思います。今後に大きな調和をとっていくことが大事ではないかと思うわけです。

ラングラン 私がそういうことを申しましたのは、東洋、日本と西洋ということになりますが、そういう状況は、たとえばフランスとイタリアとか、フランスと英国の間にもあるのです。

野村 ありますでしょうね。

ラングラン つまり一般的に信じられている概念と現実とがいかに反しているか。ですからいかにして具体的な状況、文面、具体的なものによって、抽象的な反現実的なものとおきかえてゆくか。たとえば例をイタリアにとりますと、フランス人はイタリア人のことを怠け者だと思っています。ギター弾いたり、マンドリンをはじいてばかりいる。働くことが嫌いな人と思っている。ところが現実のイタリア人は非常に働きものですね。ですからこのように抽象的な概念と現実とは反する概念がある。いかにして具体的な現実に抽象的な概念を、おきかえてゆくかという問題があるのではないでしょうか。

本当に国と国との間の関係というものを不自然なものに

してしまうわけです。ですから、この状態からいかにして具体的に、文献で、交流で、視聴覚器材でとか、学校教育で子どもの時から正しくそういった外国のものを理解させるには、具体的にどういう方法があるか、いかにすべきか、これがコミュニケーションの問題ではないでしょうか。

野村 そうですね。

ラングラン 言い換えれば、どういうような具体的な方法によって、正しく外国を知ることができるかということにもなります。

野村 やらなければならないことがいっぱいあると思います。その中で全部やるわけにいかなかったら、一つ一つ積み重ねてゆくよりほか仕方ないですね。

その中でまず生きた人間が、長いそのルーツを背負った一人と一人の人間が、出会って話し合っていく、それ自体が最も大きな効果あるコミュニケーションそのものではないかと思うわけです。それが最も具体的な問題でありましょう。

ラングラン しかし、その場合に話し合うといっても、抽象的に抽象的な議論をしていたのでは意味ないわけで、やはり具体的にその抱えている問題を話すということが必要ですね。たとえば日本の労働者は日常的にこういう問題を抱えている、日本の家庭婦人がこういうような問題を持っていると。

野村 それをフォーラムの分科会で、お一人お一人が発言なさっていけば、おっしゃるようなディスカッションがなされるのではないでしょうか。

ラングラン それから、いま一つ重要なことは、いかにして具体的な条件で、そうした理解を妨げる障害を超えることができるか、その条件についても考えるべきでしょう。

野村 たとえば、それはどんなことでしょう。

ラングラン これはですね。外国を知るということはその国の文明を知ることであって、つまりその国の経済を知り、政治を、歴史を、その国の伝統を、その国の真理を知るということであります。そうした知識に立ってはじめて正しい判断をすべきであって、早まった判断、この国はこういうものだという誤った判断をすべきでなくて、やはり一つの国を知るのには、それだけの努力を払わなければならないということです。

国際社会というものは、そのような偏見にみちたもので非常に抽象的なものであるが、それではいけない、画一的な、はんこで押したような考え方、これは国際関係そのものを不可能にし、また不毛にするものです。努力しなければならないことは、具体的な現実、本当のものを摑《つか》むためにお互いに研究しなければならない。

生涯教育に専門家はない

野村　本当にそうですね。だからこそ、話し合うべきであって、そういうチャンスをより多く作ることが大切なわけです。そのためにも国際フォーラムはあるわけです。しかし、その中に一つの制約があります。時間的にたった三日間ということにおいて、全部の国がわかり合うことなど、またそれに匹敵するくらい男性と女性の相互理解にしても、これはあり得ないことで、あり得ないけれども、やらないよりはたとえ一回でも多く機会を作った中から——。

　たとえば前回のパリ・フォーラムでも、現実に多くの理解し合う人たちが出てきていますし、それだけワンステップ進んだことですね。だからこそ重ねていく意味があると思います。先ほど博士が生涯教育が徹底していくのがむずかしいと例を挙げられ、だから民間人がやっていくんだと、おっしゃられたけれど、同じ民間人といってもラングラン博士のお立場は、どちらかというと、公的な立場の歴史があり、専門家、学者の立場もあります。そうした立場の方と、それ以外私たち家庭人、一般生活者というか、実践的な立場の人びととが、話し合わなければわからないものもあります。

ラングラン　女性と男性の間にも非常にステレオ的な考え方があります。

　しかし、やはりフォーラムにくる人は、三日間ということもありますが、そこらの町にいる一般の名もない人ではなくて、やはりある程度の知られた人でしょう。ですから普通の人と専門家と対話という点において、いかにして普通の人を見つけだし、その対話を可能にするのかという問題があるのではないか。それはまあみんな普通の人と思うでしょう。私も普通の人です。（笑い）

　ですから逆にいえば、マダム・ノムラが普通の人だとは誰も思っていない。ですからプラカードを立てて、私は普通の人間ですっていうのをやりましょうか。（笑い）

野村　私は普通の人の代表が自分だと思っていますから、家庭人としてのごく普通の庶民の立場からしか発言はできませんから。

ラングラン　私自身も普通の人間として生涯教育の抱えている問題について証言するわけでして、生涯教育の専門家などいるわけないんでして、私自身も毎日の生活の中で、人生の中で専門家ではなくて、普通の人間として抱えている問題を証言します。

私は人生の一時期にラテン語の専門家として教えたこともあったがずいぶん忘れてしまったし――。普通の人と専門家とどこで区別するのですか。

野村　生涯教育の専門家というのはないのですね。それはやはり人生の専門家ということになるのでしょう。でも博士は世界に知られていらっしゃいます。生涯教育の専門家という意味ではなく、今まで学者の立場、ユネスコ機関の公的立場を持たれた意味でです。

ラングラン　それでは、ユネスコで担当という肩書きをもった意味での専門家でしたら――。

生涯教育については本当に専門家というのはいない。ですからお互いに抱えている問題について交流する意見をかわし合うということしかできないのです。

野村　今、博士がおっしゃったように、持っている問題を出し合ってみると、案外、世界中問題は同じことだろうと思いますね。

地球が狭くなっているのだから、きっと、今までのようにものすごく大きな相違点はなくなって、それぞれ出し合ってみて、同じ問題があるんだなという、確認もできたり、どう解決してゆくかについても、みんなの英知を出し合えると思います。

ラングラン　分科会のテーマについて先ほどコミュニケーションが一つ出ましたが、その他考えられるのは「多様な文明、文化にもかかわらずいかなる共通の目標を生涯教育として持ち得るか」というのも一つのテーマになりませんか。

野村　ありがとうございました。今までご助言いただきましたことを土台に今後考えてゆきます。

ラングラン　パーキングに車を探しにゆかなければならないので、そろそろ腰をあげなければ――。

野村　長いお時間をありがとうございました。お疲れになりませんように。

（一九八〇年八月）

生涯教育実践レポート

◆行政の管理者、保育所所長として

―― 子供の問題を通して知った幼児教育の大切さ

（福島）滝　田　良　子

◆25歳の私が迎えた第二の転換期

―― インド国際セミナーに参加して

（東京）佐　藤　俊　彦

◆幼稚園園長として、母親として

（静岡）大　石　安　子

行政の管理者、保育所長として

――子供の問題を通して知った幼児教育の大切さ

（福　島）滝　田　良　子

私が野村生涯教育の学習を始めたのは五年前のことです。その頃私は、職業婦人として、行政の管理者、保育所長としての仕事に全力を注いでおりました。

そんな時、幼なじみの友達から「こんな勉強会があるんだけど、行ってみない」と誘われ、それが野村生涯教育との出会いでした。

はじめ私は、生涯教育そのものを、いま流行の、カルチャー的な主婦の暇つぶしのようなものと思いながらも、友達の顔を立てて、出席してみました。

私は職業柄、いままでに数え切れないほどの研修会に参加してきました。そしてそのほとんどは、方法論的なものに終始していました。しかし、初めて参加した野村生涯教育の勉強会では、「人生にふれ合う条件は、自己学習の教材にして、すべて自分の問題として考える」ということを学習の基本姿勢にし、またその内容も深く、私は本当に驚き、その後毎回、引き込まれるような気持ちで出席してきました。

学び始めてから二年たった頃、当時高校二年に進級したばかりの息子が、突然学校へ行かなくなりました。本当に突然のことでしたので、信じることができないほどショックでした。

毎朝、起きてこない息子を、ベッドからむりやり引きずりおろし、学校へ行かせようと必死でした。主人は当時、息子の高校入学と同時に単身赴任で別居しておりましたので、そうした苦しみを味わうこともなく、毎日のんびりしていると思うと、私はうらみを募らせました。近くに住む主人の両親にも、毎朝息子の説得に来てもらいましたが、息子はますます蒲団にもぐってしまいます。

私は職場に行っても仕事が手につかず、やり場のない怒りが、下の二人の子に向けられたのはもちろんのこと、職場でも無意識のうちに、イライラした気持ちが保育所の保母たちに影響していたのでしょうか、温かみのない保母の言動と、保育のあり方に疑問を持った父兄からの苦情が殺到する毎日で、職場全体がいつも刺々しい雰囲気に包まれていました。

私はほとほと困り果て、センターの先輩や仲間に相談しました。そして皆さんから、息子の登校拒否を通し、息子が「なぜ行けないのか」を考え、今日までの親子の関わり方を振り返ってみることを教えて頂きました。

振り返ってみると、今から四年前、高校入試をひかえた息子が、「この家に生まれてこなければよかった」と言ったことを思い出しました。でも当時は、あまり気にもせずにおりました。息子は小さい頃からスピードのあるものに憧れており、将来はバイクのレーサーになりたいと、専門校をめざしていました。私ども親は、息子にはエリートコースを進んでもらいたいと思っていましたので、当然反対しましたが、息子の意見も少し取り入れ、工業高校を選びました。でも私は、息子の入学を素直に喜べず、仕事を休めないことを理由に、入学式には私の父に行ってもらいました。父は何も言わず、孫の入学式に出席してくれました。

入学したばかりの息子は、一年生ながらリーダーシップをとり、毎日クラブ活動で頑張っていました。しかし、私にとってはそんなことはどうでもよく、「あなたの成績なら○○高校に入れたのに。『息子さん、どこの高校』って聞かれるたびに恥ずかしくて」などと、平気で彼に言っていました。

単身赴任の主人がいない家庭の中で、私は、まさしく私の意のままに物事を運んできました。休みには寄り道もせずに帰宅する主人に対して、優しい言葉をかけることもせず、自炊で少しでも生活費を切り詰めようとする主人の努力も、当たり前にしていました。それどころか、仕事と家事でくたびれた私のために、家庭サービスをするのは当然とし、感謝どころか、疎ましくさえ思うようになっていたのです。

そんな風でしたから、子供たちの不満や心配事を聞くゆとりもないまま、主人とも心身共にだんだんと離れていく自分に、気づくこともありませんでした。そして、息子を登校拒否に追い込んでしまったのです。

皆さんの勧めもあり、藁をもつかむ思いで、息子と一緒に東京のセンター本部を訪ねました。今は亡き、吉成理事からの「息子さんより、お母さんの方が問題ね」の言葉に、いままで学んでいても他人事と聞き流していた自分を、いまさらのように反省させられました。帰り道息子は「最初は、戸塚ヨットスクールにでも連れてこられるのかと思ったけど……」と、センター本部で青年部の皆さんに、自分の気持ちを充分に聞いてもらえたことを、いままで見たこともない真剣な顔つきで話してくれました。

それからの私たち親子は、生涯教育についてもっと学ぼうと、郡山の地区講座、東京の国立教育会館での一般講座、青少年学習講座、全国大会と、センターの行事にはできるかぎり出席しました。

しかし反面、「管理の枠をはずし、彼の可能性を信じて待ちなさい」とセンターで教えていただき、頭の中では「信じよう」「待とう」と思うのですが、髪の毛を赤く染め、夜のアルバイトに出ていく息子を見ると、「このままだったらどうしよう」という不安が頭から離れず、いつも体調が悪く、頭痛と吐き気が頻繁に繰り返される日々でした。

ひたすら息子のため、息子に早く立ち直ってほしいと、私の頭の中はそれだけで一杯でした。

そんな時、中学二年生の娘の担任の先生から、「両親で学校に来るように」と連絡を受けました。学校に伺いますと、先生の注意はまったく聞かず、授業は放棄する、など、担任の先生から聞く娘の態度は、家庭では想像もつかないことばかりでした。家に戻ってから、主人は娘を前にして叱りましたが、私は娘をかばうどころか、「またお母さんの顔に泥をぬって」という気持ちを、どうすることもできませんでした。

数日後、娘は一通の手紙を残して姿を消しました。「まさか」と思った娘までもがと、本当にどん底につき落とされたような気持ちでした。「なぜだろう、なぜ私の子供ばっかり」と、悲しい思いであてもないところを捜すうち、とめどもなく涙があふれ、娘の気持ちも聞いてやれず、ただ体裁とか恥ばかりを考えていた自分が見えてき、心から娘に詫び、無事を祈りました。

もしやの思いで、実家に何度も行ってみました。母は何も事情はわかっておりませんでしたが、私の蒼白な顔を見て何かを察したようでした。「あんまり息子ばっかり心配してっと、皆だめになるぞ」と一言。いままでこらえてきたものが一気にこみ上げ、涙が止まりませんでした。

「お前は進学も就職も勝手に自分で決め、親の言うこと

郵便はがき

151

切手をはって
お出し下さい

（受取人）

東京都渋谷区代々木一―四七―一三

財団法人
野村生涯教育センター

野村佳子著

年刊 生涯教育Ⅱ

かど創房発行

・本書についてのご意見、ご感想などをおきかせください。

・本書の入手方法に○印をおつけください。

・書　店　・直　販　・その他(　　　　　　　　)

ご芳名	年齢　　歳	男 女
ご住所(〒　　　　) 電話(　　)-(　　)-(　　)		
ご職業(なるべく、くわしくご記入ください)		

も聞かず、困ったもんだと思っていたけど、自分の選んだ道はきっと進むと信じていたんだよ」との母の言葉に、私は、七人兄弟の末っ子として可愛がられ、わがままいっぱいに育ったことを思い出しました。山に登って足が疲れたと言えば、一晩中でも足を撫でたりしてくれた母のように、私はわが子を育ててきただろうか。「私は働いているんだから」と、ずいぶん主人と子供をがまんさせてきたのではないだろうか。母は素朴で学歴はなかったけれど、姑や小姑のはざまで苦労しながらも、愚痴の一つも言わず、ひたすら〝子供のため〟と無償の愛で私たち七人を育ててくれました。母の「信じて待つ」という深い愛情が、今日の私を育ててくれたのだと、はじめて思い知った時、申し訳なさで一杯になり、両親の前で心からお詫びすることができました。

一夜が明けて、娘は友達の家から登校したことがわかりました。家に帰ってきた娘は、「お母さんを思ったら眠れなかった」といろいろ話してくれ、二人で抱き合って泣いてしまいました。

この狭い町で保育所の所長としての自分、そして教育一家と言われている実家のことを考えると、いままで私は誰にも相談することができないでいました。

息子の方は、学びたい時いつでも戻れるようにと、高校には休学届けを出しました。気持ちが定まったのか、息子はさっそくバイクの免許を取り、アルバイト捜しに出かける姿は生き生きとしていました。家庭の中がなんとなく落ち着いた雰囲気になり、私もホッとしておりました。

その年の十二月六日、息子の十六歳の誕生日に、〝学校へ行くことを条件に〟主人と祖父母はバイクをプレゼントしました。

ところが二日後、息子はバイクに乗っているところを、自動車にぶつけられたのです。意識不明の状態で、一八〇cmもある大きな息子は、目はうつろ、泣き叫ぶ声はまさしく生まれたばかりの赤ん坊のようでした。母親を求めているわが子の姿に、私は愕然としました。言葉は出ず、食事も排泄もまったくだめで、ただただ私の姿だけを求めている息子を見て、むずかる赤ちゃんをなだめすかすように、ほおずりをしたり、子守歌を歌ったりしているうちに、日頃の学習で学んだことが思い起こされ、幼い頃スキンシップが足りなかったことが反省されました。

職場や地位を堅持するために、「職場第一」と自分にも職員にも仕事優先を要求してきたこと、子供が赤ちゃんの時に病気をしても、祖父母にまかせ、自分は休むこともしなかったこと、また、近所の子供と遊ぶこともさせず、越境入学までさせて、ただひたすら良い学校に入るパスポートをつかむことが教育と考え、息子の意志を曲げて曲げて自分の敷いたレールへ乗せようとしてきたことなどが、走馬灯のように思い出されました。母を本当に求めていた幼児期に、充分な肌の接触や愛撫の大切さがわからず、幼児教育に携わりながら、本当の幼児教育を知らずにいた私は、息子の生死に関わる事故という最悪の状態を通してでなければ、そのことに気づけませんでした。

私は息子に対して、申し訳なさで一杯になりました。看病する中で、野村理事長の講義で日頃教えていただいている『生命の尊さ、人間に内在する強靭な復元力』を思い起こし、「必ず回復する」と信じ、主人と必死の思いで看病しました。

やがて息子は意識も回復し、後遺症が残るかもしれないという心配も薄れ、奇蹟的に四ヵ月で退院することができました。

息子には大きな犠牲を払わせてしまいましたが、この事を通して、野村理事長が常々言われる『生命の永遠の流れの中に、いま生きる自分』と『生命の尊厳』を、はっきりと確認することができました。

息子から、「もう一度学校で勉強したい」と言われ、いろいろ探しましたが、結局息子が選んだのは休学届けを出していた高校でした。息子の「やってみたい」という言葉に、学校側はまたもや大きく門を開けてくださいました。

息子は翌年四月から、一年後輩たちと学び始めました。そして同時に、センターの青年部でも学んでおりました。

しかし残念なことに、バイク事故の後遺症で足がわるく、体育の単位がとれなかったのが理由で、三年生への進級はできませんでした。息子は〝やりたい〟という意欲が旺盛でしたので、「別な方で頑張ってみるよ」と通信過程で不足分を補おうと決めたようです。また、センターの青年部のメンバーとインドに行きたいし、大学へも行きたいからと、アルバイトも頑張っています。

壁にぶつかってもはねのけ、突き進んでいく、このすばらしい姿、エネルギーを、いままで親のエゴで他の方向へ向けさせてきてしまったと思うと、申し訳ない気持ちで一杯です。

保育所では自分のこうした経験を通し、保母さんやお母さんたちと話す機会を多く持つようにしています。

先日も、「家では自然食を食べさせるので、給食は食べさせない」と言うお母さんがいました。規則に合わない子供はやめてもらうのがきまりでしたが、日頃の学習の中から「食事を管理する親なら、他のこともすべて管理するのではないか」と気づき、お母さんと話し合いました。話し合いを重ねるごとに、私が子供たちを管理してきたことと、同じことであることが見えてきました。そのお母さんには生涯教育の勉強会に出席していただくことができました。

このことを通して職員会議を開き、保育所のあり方が規則だけに終始していて良いのだろうか、といったことを皆で討議しました。以前でしたら、あっさりと「きまりでしょう」「親がよいというなら、何もそこまでしなくても」といった返事が返ってきたのですが、今では皆が真剣に問題と取り組んでくれるようになりました。

郡山地区講座での生涯教育の学習を、幼児教育を志す保育所の職員へと輪を広げるために、福島県保育協議会県南支部の施設長研修会で、センター本部より講師を招いて講演をしていただきました。その講演がきっかけとなって、他の団体の保育連絡協議会でも講演会が催されました。

そして、野村生涯教育の理念と実践をさらに多くの保育者にということで、第三十七回東北・北海道保育研究大会に、大会初の女性講師として、野村理事長に講演をしていただきました。野村理事長は、『明日をになう子供たちのために』いま私たちは、何をどうすればよいかという問いへの解答は、自らの学習と実践によって得られるものである、と示唆され、約八〇〇名の参加者に深い感銘を与えました。そして、それぞれが、新たなる幼児教育への意欲をかきたてられました。

それまで野村生涯教育センターの学習に理解を示さなかった主任保母も、自らの希望で出席しました。本当に子供たちのためを考えた保育のあり方を充分嚙みしめた結果だったのでしょう。それからは、いままでの保育のあり方はいつもこちら側からの押しつけではなかったか、自分が子供の立場になったら、果たしてできるだろうか、などの発言が話し合いの中で出るようになりました。人生の一番大切な幼児期を預かる責任において、正しいことを言ったり指導することは必要ではあるが、自分はそれを実行できているのか、わかってはいても実行することのなかなかできない自分の矛盾を知った上で、子供と関わることが大事なのではないか。こうしたことを職員で討議し合うようになり皆の姿勢が変わってきました。

また、一人の保母の保育姿勢に非難が集中し、職場が一時期、刺々しい雰囲気になったことがあったのですが、彼女の幼児期にさかのぼってその環境を考えた時、いまの彼女の行動が理解できてきました。その彼女との取り組みもまた、私の子育ての反省でした。他の保母たちも、彼女の環境をも含めて認めていこうという気運が高まり、とても楽しい職場になりました。

所長である私の意識の変化によって、子供たちに対する保母の姿勢が変わりました。あの子供たちのつぶらな瞳、キラキラした輝きを、失わせずに済みました。

いままでは、主人のいるのも、家庭があるのも、当たり前だと思っていましたが、学んでいくにつれ、主人の存在をありがたいと思い、家庭の大切さに気づき、大事にしていこうと思った時、三人の子供たちもそれぞれ伸び伸びとしてまいりました。

今年は私たちの結婚二十年目、勤めてから二十年目です。いままで心配のかけどおしだった主人の両親と一緒に住むように、家を新築しています。私は、野村生涯教育の学習が、わが家の土台造りになったと思います。もし、私がこの学習に出会わなければ、わが子も、わが家庭も、崩壊していたことだろうと思います。

これまでお話ししたような多くの問題を通して、家庭人、職業人、社会人としての私自身の人間性の回復によって、家庭でも、職場でも、ふれ合う人の心を変えていけることを、実感をもってわからせていただきました。これからも沢山のお母さんたちと共に、この学習の輪を広げていきたいと思います。

二十五歳の私が迎えた第二の転換期

——インド国際セミナーに参加して

（東　京）佐藤俊彦

私は現在私立大学の三年生です。七年前から野村生涯教育センターに来るようになり、今年三月、インドのアンドラ大学において開催された「青年、平和、開発に関する国際セミナー」に、基調講演者として招聘された野村理事長に随行して参加させて頂き、そのことをきっかけに、私の人生において二度目の大きな転換期を迎えることが出来たように思います。

幼少の頃から、最初の転換期であった青少年時代、そして現在に到るまでのことを、感謝の気持ちを込めてお話ししたいと思います。

私は生まれつき身体が弱く、三歳くらいまで病気ばかりしていました。そのせいか、保育園に入っても、仲間の中に入っていけない内向的な子供だったそうです。その頃の両親の私に対する願いは、まず、本を好きになること、芸術面を豊かにすること、そして、どんな人とでもうちとけられる性格を持てるようにすること、その三つだったそうです。自分にはその頃の記憶はなく、母から聞かせてもらったのですが、一歳から四歳ぐらいまで、毎日童話を読み聞かせ、私をおんぶしながら、たえず童謡をうたい聞かせた、とのことでした。そして保育園に通園するようになってからは、「人に好かれようとする前に、自分が人を好きにならなくてはならない」という意味のことを何度も言い聞かせたそうです。いま、私は本が好きで、音楽を愛し、人を嫌いになったことがありません。幼少の頃の躾けがいまに生きているのだな、と母の話を聞いて思います。

そして、中学校卒業までは順調に日々を送ったのですが、高校進学の際、私は浪人を経験しました。高望みして、希望の高校を落ちた私は、体裁が悪いという理由で二次募集の私立高校を受験し、それには合格して、入学金まで払っていたのですが、両親の「自分の気持ちに正直になりなさい。後になって後悔するような道だけは選んではいけない」というアドバイスなどから、結局、浪人することを決めました。私の実家は茨城県鹿島郡波崎町という町にありますが、そのような田舎町では中学浪人をするのは前代未聞のことでしたので、中学校側はずいぶんとあわてたようです。考え直すことはできないのか、とか、入学金まで払って親に申し訳なくないのか、などと、何度も説得されました。しかし、学校の面子をつぶす気か、と言われた時は、正直言って、失望感を持ったのを覚えています。

とにかく、浪人生活に入ってからは、卒業した中学校に模擬試験を受けに行かなければならなかったり、街中で高校生となっているかつての同級生の姿を見たりと、いま思い返してみても、ちょっと辛いことを経験し、一年後、無事、高校生になることができました。

この中学浪人としての一年間は、私に大きな勇気を与えてくれたように思います。それまで私は、自分に課せられた障害に対して、何とか回避しようと逃げ回ってばかりいました。そのつど、両親の手中に隠れ、決して自分から困難にぶつかっていこうとはしませんでした。高校受験という、誰の前にも立ちはだかる壁すら、自分で打ち破ることができなかったのです。それだけに一年浪人をしたのちの高校合格は私に大きな自信と勇気を与えてくれたように思うのです。

自分に自信を持ったことで、高校での三年間はとても楽しく過ごせました。自分の人生が光りはじめたな、と感じられるようになったこの時期が、私にとって第一の転換期であったように思います。

すべてのことに自信がありましたし、何でも自分一人の力でやってきたのだ、と愚かにも過信していました。そうして、だんだんと過去を封印することによって、豪放磊落ぶるという術を身につけるようになり、その豪放磊落な姿が本当の自分の姿なのだと思うようになっていきました。

大学受験に際しても、根拠のない自信で高望みをし、進路指導にも耳を貸さず、そして再び失敗をしました。予備校に通うことになった時も、皆が行くのだから自分が行くのも当然だ、と考えていました。それまで支えてくれていた両親の苦労や、自分に対する愛情など、少しも考えていませんでした。人の愛情や思いやりに対して盲目になっていたのです。

東京での下宿生活を続けながらも、たいして勉強もせず、

「まあ、来年はどこかしらに受かるだろう」などと暢気に構えていた頃、野村生涯教育センターという団体を知りました。知人からの紹介だったのですが、最初はセンターが主催する生涯教育全国大会の中で小学生を対象にした児童部のプログラムがあり、そこで三日間、子供たちの面倒を見てくれないかということでした。子供が好きな方だったので、二つ返事で引き受けました。それが、いまから七年前の第十四回生涯教育全国大会だったのです。その時は、三日間疲れたな、という感想を持ったぐらいで、それからセンターに出入りするということはあまりありませんでした。

その頃、私は予備校仲間のリーダー的存在で、得意の絶頂にいました。遊び回ることに一所懸命で、あいかわらず本業である勉強もせず、またしても受験に失敗してしまったのです。そして、一年前と同じ理由でまた、浪人することを勝手に決めてしまいました。二浪目も前年とまったくかわりばえのしない生活で、勉強があるからという名目で、その頃再び行きだしていたセンターの全国大会にも参加しませんでした。

二年浪人した後、またもや失敗した時は、さすがに落ち込みましたが、それでも私は自分の体裁ばかり考え、格好が悪いだとか、二年も浪人したのにとか、自分のことで頭が一杯で、まわりに気を配るなどということはしませんでした。

浪人生活を続けるのが嫌で、ずるずると専門学校へ入学することを決め、覇気のない生活を送っていた頃、身体障害者のボランティアをしてみないか、という話がきました。興味本位で参加して、自分に感じたことは、障害者に対し、「こんなにしてやっているのに、なんでわからないんだ」という差別意識でした。そして、参加した後でいろいろな人に、「偉いね、なかなかできることではないよ」と言われるたびに、自己嫌悪に陥りました。ボランティアなどという言葉に、まったくふさわしくない自分の姿がとても嫌だったのです。

その活動は、「ボランティア」という言葉が持つ意味の片鱗でもいいから理解したい、という理由から、現在も続けています。

他人の思いやりをかえりみず、理想ばかり高く持ち、前進する努力もせず、そのくせ他人に依存ばかりしていた私の生活は、あいかわらず続きました。何をするにも熱意が湧いてこない日々を送っていくうちに、本当にいま自分がしたいことは何だろうか、ということについて考え始めるようになりました。そして、夢を実現するには、どうしても大学に行かなくてはならないと思うようになってから、とりつかれたように勉強を始めました。そして、両親に、もう一度チャンスをくれるように頼みました。快く承諾してくれた両親を前にして、私はそれまでの自分を思い返しました。自分一人で苦労をしていると思い込んでいた自分、回り道はしていても、何一つ自分の思いどおりにならなかったことはなかったそれまでの自分が見えてきたのです。わがままで、自信過剰で、依存心が強い自分が見えてきた時、心のそこから情けなく、そして恥ずかしいと思いました。

その頃から、何かが少しずつ、自分の中で変わってきているような感覚を持つようになりました。

その間私は、センターに夏の一時期、つまり、全国大会の前後に、遊びにいく感覚で行っていました。そこで、青年部の人たちと、人生について、人間について、など、学校などでは硬いといって敬遠されがちな話をよくしました。いま思うと、野村生涯教育を学んでいるその人たちと話をしていたことで、無意識のうちに私の心の中の土壌が、ある程度、理念という鍬で耕されていたのだと思います。

たとえば、それまで私は、全国大会の最終日に、大人とは別々の児童部のプログラムを終えて再会した子供の姿を見て、涙を流すお母さんたちを見ると、妙に腹立たしく思っていたのですが、それが、自分が幼い頃、母親が仕事で日中いることが少なく、もっとそばにいてほしいという気持ちが満たされなかったことの、裏返しの気持ちではないか、ということに気づくことができました。これは、すべての事柄が自己教育につながっていくのだという野村生涯教育の理念が、静かに私を耕していた一つの証しだと思うのです。

そんな事もあり、一昨年、念願の大学進学を果たすことができた私に、今年始め、センターの青年部のリーダーから、インドに行かないか、という話が回ってきました。

野村理事長が、インドのアンドラ大学で行われる「青年、平和、開発に関する国際セミナー」に、基調講演者として招聘され、その際、青年部から何人か同行してもよいとのことで、連れていってもらえるよう、お願いしてみないかとのことでした。正直言って、年月は経ていても勉強はしていないし、顔もあまり出していない、自分のことを知っているのは青年部の人たちだけだと思っていたので、私にはその資格がないと思いました。しかし、とにかくインドには行ってみたいと思い、野村理事長本人にお願いして、幸運にも快諾して頂くことができ、インド行きが決定しました。

それからインドに行くまでの間、青年部では勉強会が持たれることになりました。センターの青年部の代表として渡印するわけですから、野村生涯教育の基本理念や体系、活動や歴史を知らなければならないという理由からです。この勉強会によって、いままで耕され続けてきた私の心の土壌に、種が蒔かれたような感覚を覚えました。

インドはよく言われているように、確かに貧しく、不衛生な国でした。しかし、そこに住む人々の顔は大変に生き生きとして見えました。貧しさゆえに学校に行くこともできず働いている子供たち、癩病で手足を失い、そのうえ乞食をしている人、そんな、いままでの私の観念をはるかにはずれる生活をしているにも関わらず、皆一生懸命生きているのです。そんな光景を見ているうちに、私は自分がいままでどれだけ恵まれてきたか、どれだけ他人の恩恵に支えられてきたか、ということを想いました。住む家があって、食物の心配もなく、学校にしてもこれだけのわがままを言えて、それを許してくれる両親がいる自分。そんな温床に乗りながらも、それに気づくこともなく、一人で生きてきたんだと思い込んでいた自分に気づいた時、恥ずかしさを覚えると同時に、センターの勉強会で学んだ、多くの人々の支えや、環境があるからこそ、自分は生きているのだ、ということを、ようやく実感することができました。

インドでは、今日どうやって生きていくかということがすべてに優先します。生きるということを常に意識に持っていなくてはならない、そんな厳しさを感じました。

いままで、私は頭の中だけで、一瞬一瞬を大切に生きなくては、と考えていたと思います。そして、「俺はなんて偉いことを考えられるんだろう」などと、一人で悦に入って、実際にはまったく生産性のない、むだな時間をあまりに多く使ってしまう、非常に矛盾した生活を送っていました。

野村生涯教育の理念は、人間を永遠の生命の連鎖の中でとらえ、同時に、環境世界との繋がりの中でとらえることを教えています。

そうしたことを学ぶ中で私は、生まれてから今日に至るまでの自分の姿を、客観的に見ることができるようになりました。

母が胎内に私をもうけた時、私は両親から永遠の過去からつながる命を伝達され、そして、生まれてからは、芸術的なことや、本を読むことなど、様々な素質をひき出してもらいました。そうしてくれた両親にも、それをさせてくれるだけの両親がいて、その上、その上の人たちすべての生命が私の中にあり、私にいつか子供ができれば、その子の中にも流れていく。

そうしたことに気づいた時、「一瞬一瞬を大切に生きる」ということの本当の意味がわかってきたような気がします。

国際セミナーが開催される前日、アンドラ大学の学生たちと交流会を持つ機会があったのですが、そこでも私はショックを受けました。インドの学生と日本の学生との差にです。むこうの大学生は「学ぶ」ということに貪欲で熱心です。どんなことでも吸収してやろうという熱意が、ひしひしと感じられました。そして、自国に対して非常に誇りを持っているのです。私は同じ大学生であるにも関わらず、自国に対する誇りがはずかしながらありません。彼らの言っていた、「十年後のインドを見てくれ」という言葉の中

1989.3.5　インドの学生たちとの話し合い（シマハドリ教授夫妻の自宅の庭で）

に、自己に対する強烈な自信を感じました。ホテルに帰ってから、鏡に映った自分の眼と彼らの眼の輝きとの差に愕然としました。

三月八日に、野村理事長の基調講演がありました。講演が始まる前、大変な緊張の中で会場のセッティングを私ち青年部がすべてやったのですが、その時にメンバー全員が全国大会にスタッフとして参加している時と同じような気持ちで準備が出来たのです。気持ちを一つにして何かをするという訓練が、こんな時にも生きてくるのだな、という実感を覚えました。野村理事長の基調講演が始まると、最初のうちざわついていた会場内がだんだんと熱気を帯び、水を打ったように静まりかえり、講演が終わると皆が興奮して壇上に駆け上がるという一幕もあり、大成功に終わりました。

そこで私が学んだことは、言語の壁など関係なく、真理を追究し、実践する人の言葉というものは、力を持ち、人を動かすものである、ということです。

自分自身に関して印象深かったことがあります。それは、自分が日を追うごとに、どんどん素直に、そして優しくなっているなと感じたことです。私は元来、短気なところがあり、ちょっとしたことですぐにカッとなってしまうことがあります。自分でもそれがわかっていたので、十六日間、十四人という団体で行動するうちに、何度も他のメンバーに迷惑をかけるのではないかと、とても不安でした。しかし、今回それが一度もなかったのです。最終地のデリーで病人が出て、予定の観光地に行けなくなったときも、「一人欠けて観光に行って、それがどうなるんだ。行くのなら皆で行こう」こんな気持ちが最初に浮かぶほど、穏やかで優しい気持ちになれたのです。もし病気をしたのが自分だったら、そして一人残されたら、どんな気持ちだろう。そういう感覚をこの旅行で持つことができました。「以前のように豪放磊落ぶっていたお前よりも、いまの方が静かな中に強さを感じるよ」メンバーの一人にこう言われた時、私は中学浪人を経てからいままでの自分を思い返しました。環境に甘え、親に甘え、思いどおりに行かない時はふてくされ、してもらったことにうわべだけでしか感謝の念を持たなかった自分。そんなそれまでの自分と現在の自分を比べ、第二の転換期をいま自分は迎えつつあるのではないかと思いました。

インドから帰国してから、何度も人前に立って報告する機会をいただきました。その度に新しい発見や、感ずることがあります。インドから帰って最初に実家に帰った時、私は衣服を着替えることもせず、両親の前に正座をし、「無事にこうして帰ってくることができました。二十五にもなってこんなわがままを言い、それを聞き入れてくれて、こんな貴重な経験をさせてくれたことに本当に感謝していま す。ありがとうございました」こんな言葉を素直に言えたのです。インドに行って感じた素直な気持ちや優しい気持ちが、両親の前で一度にふき出た思いでした。

今回の旅行をきっかけに、私は本当に自己を転換していく時期が来たのだと思っています。今まで受けてきた恩恵や他人に対してしてきたわがままを、これからは何らかの形で返していきたいと思います。両親に対しても、いままで単に「親」という側面ばかりを見てきて、他人に対しては絶対にできないような言動をして甘えてばかりいました。私はまだ学生ですから、経済的な面ではまだ無力で、親に対して何も返していけません。しかし、いままでしてきてもらったことの中で、相手を思いやる気持ちは、返していけると思っています。これまでのことすべてに対して感謝することができますし、どんなに距離が離れていても、この頃は何かにつけて両親を、一人のかけがえのない「人間」としても見ることができるようになりました。

今回の旅行で感じた素直さや優しさは、いままで自分が自分に自ら覆いかぶせていたベールを一枚ずつはがせていけた結果であると思いますし、両親を「親」としてだけでなく、一人の「人間」として見ることができるようになったのも、そうした成長の証しだと思います。

このように考えられるようになったのも、これまで私に関わって下さった野村生涯教育センターの方々、それに野村生涯教育の理念のおかげであると本当に思います。現在私は大学で文学を学ぶと同時に、夢である教師を目指して、本当に勉学を楽しんでいます。将来、教壇に立った時、子供たちに、自分を知ることの大切さ、自分は生かされているのだと自覚できる謙虚さ、そしてそれがわかった時、本当に感謝ができ、幸せになれるのだということを、胸をはって言える教師になりたいと思います。

野村理事長がその身体を通して私に教えてくださった、「力を持った言葉」を身につけられるよう、これからも勉強を続けていきたいと思っています。

幼稚園園長として、母親として

（静岡）大石安子

私は、幼児教育の現場で、子供たちや先生方と生活を共にしている園長です。家族は、主人、二十六歳の息子、二十一歳の娘、九十三歳の姑と私の五人です。

野村生涯教育の学びについたのは十二年前になります。その頃は園長になって約三年、園内のようすも大分わかりました。経営面のことも一通りのことが把握できるようになっていましたが、しかし先生方との人間関係は、やればやるほど迷路に入り、自信を失っていました。

一方、自分なりの園の特色を出したいと常々思っていた私は、生涯教育の大会参加のお勧めを受け入れ、初めて野村生涯教育センターの第八回生涯教育全国大会と、第一回の静岡県大会に出席しました。質疑応答の中で、園児のことについて、担任と父兄とが意見が合わず悩んでいましたので、何かよい解決策を教えていただきたいと思い質問に立ちましたが、野村理事長から「あなたは身近なご家族にどんな気配りをしていますか」と逆に尋ねられ戸惑いました。

「これは、今まで保育者として学んできたものとは全く違う。でも何か感じるものがある」と思い、早速、父兄と職員合同の講演会を開くことにしました。当日はセンター本部より講師を迎え、印象深い会となりました。

幼児の教育には母親教育が一番必要だと気付き、引続き静岡支部のメンバーの方々に毎月お願いして、園に「家庭教育学級」を開くことにし、私は東京で毎月二泊三日で行われている野村生涯教育全国講座に参加することにしました。

野村理事長から生涯教育を学ぶ目的を問われて、私は、「いい幼稚園にしたい。そして大勢の子供たちに入園していただきたい」と答えました。すると「この学びは〝みんなが幸せになるために〟が目標で、個人の利益のために使うものではないでしょう。教育の目的が違っているのでは」と言われましたが、自分の園を良くしようとすることが、どうしていけないと言われるのか、私には分かりませんでした。

「保育効果を上げるためには、先生方にも勉強してもらおう」と、春、夏、冬のお休みには職員のための講座もお願いしました。しかし、喜ぶと思った先生方は、「お話の内容はすばらしいが、聞きたくない」「それよりも直接保育に役立つ実技教育をした方がよい」「園長が三日も園を留守にしては困る」などと反対されました。「上司の言うことがどうして聞けないのよ」と腹わたが煮えくり返るような思いでした。

「家庭教育学級」は、お母さんたちに、家庭、学校、社会の関連の中で育児をしているのだという広い意識が持てるようにと、理事長からいただいた「生涯教育学級」という名称に変更しました。月ごとに人数が増えて、子供のこと、夫のこと、姑のことなど本音で話し合い、教えていただいたことを家庭に帰ってすぐに実践するのです。お母さんたちの純粋さには頭が下がりました。

私も学級の中では、一人の母親として学ぶ努力をしましたが、どうしても素直になれないのです。「先生だというプロ意識が邪魔をするのですね」と先輩に言っていただき、先生方が生涯教育の講座を受けたくないというのも、「自分たちの方が幼児教育については専門家だと思っているからでしょうね」とも言っていただきましたが、〝学びを取り入れようとしている私と、それに反対している先生方とがイコール〟だなんて、とても認めたくありませんでした。

ちょうどその頃、娘は中学生になり、青少年期の一番むずかしい年齢を迎えていました。今までは、言うことを聞くおとなしい子でしたので、安心して、〝子育てはおばあちゃんの係、私は外に出て働く人〟と姑に二人の子供の育児を任せ放しで、ただ幼稚園の経営に全力を注いできました。ところが娘はある時突然に、「お母さん、幼稚園をやめてよ」と言うのです。次の瞬間、「やめられるわけがないでしょ。お母さんが行かなかったら幼稚園が困るのよ」とただつっぱねてきました。娘の淋しい心など、少しも分かろうとしませんでした。

娘はだんだん反抗的な態度をとることが多くなり、主人からは、「いくら園長として他人から認められても、自分の子供を満足に育てられなかったら、お前の仕事はゼロだ」

と言われ、「僕は母親のかわりはできない」とも言われました。私は園での人間関係で苦しんでいる上に、娘にまで反抗され、八方塞がりの状態に追い込まれ、いやでも自分を見つめざるをえなくなりました。

私の父は宗教家で、母は妻というより住職に仕える人という感じの夫婦でした。私は四人姉弟の長女で、両親共に私に期待をかけ、頼りにしてくれていました。人様の前に出て恥ずかしくないようにと、躾は厳しく、学歴もしっかりとつけてくれました。

私は両親に褒められたくて、言いつけもよく守り、机の上の勉強もよくやりました。しかし褒められるためには、自分の言いたいことは我慢し、いつも本心を押し殺し、両親の顔色を見ていたように思います。でも、どうしても我慢できない時は、無言で相手を睨みつけて反抗したことを思い出しました。

「お嬢さんの方が、言葉に出すから、あなたよりよっぽど素直ね」とお仲間から言われました。しかし私は心の中で、「あれほどひどい態度はとらなかった」と言い訳する気持ちがあり、素直に自分を認めませんでした。

娘はだんだん言葉の反抗はしなくなりましたが、話もしなくなり、部屋を暗くして閉じこもり、閉鎖的になってゆきました。

ある日学校の先生から、「心配なことがありますから、早く来て下さい」とのこと。瞬間、胸騒ぎがしました。「校舎の三階から身を乗り出したり、カミソリで腕にたくさん傷をつけていますよ。お母さん、ご存じでしたか」とおっしゃるのです。私は心臓がドキッとなって、体が冷たく固くなっていました。

私は静岡支部の責任者に助けを求めました。

「両親に反発してきたことを、一つひとつ反省してみましょうね」とおっしゃっていただき、電話口で、小さい頃の自分の様子を思い出しながらお話ししていただいているうちに、少しずつ心が落ち着いてきました。

〝娘の閉鎖性は、無言で反抗し本音を言わない、私の性格にそっくり〟ということも、この時は分かりました。「ご自分の見えや体裁で、娘さんの気持ちを無視してきませんでしたか。お嬢さんは、あなたの押しつけに耐えられなくなったのでしょう」とおっしゃる言葉を認めざるを得ませんでした。青年期の子供たちの問題行動の根っこは幼児期にあると、私も知識の上では充分に分かっていましたし、園のご父兄にもそのように話してきましたが、私自身が子供の人格を認めず、意のままに動かそうとする管理教育をしていたとは思わなかったのです。

三年前になりますが、「野村生涯教育を長年学んでも、あなたは幼児教育の本当の大切さが分かっていない。園児募集の手段のための生涯教育学級ならやめた方がいい。少し休講して、考えてみて下さい。センターは幼児たちの幸せを願うからこそ協力してきたのよ」と先輩理事から言われ、しばらく休講が続きました。ご父兄からは、学級が開講できないのはなぜかと理由をきかれますし、どうにもならない毎日が続きました。

こんな状態を何とか打開しなくては、と思うのですが行動に移せず考え込むばかりでした。こうした私に、先輩は「生涯教育学級はあなたの自己教育のためのものだから、自分を知る努力をしましょう」と言って、私自身が両親から命をいただき、どんな環境の中で育ち、人間形成がなされたか。それが今、まわりの人達にどんな影響を与えているかということを、時間をかけて聞きだして下さり、一つひとつチェックをしていただきました。

その中でわかったことは、〝人に言われたくないから、自分の意見も言わない。いつも自分の立場を守ることしか考えていない〟という自分でした。「がんばって自分の殻を打ち破るのよ。それには一番苦手だと思うことを実践してみるのよ」と先輩に勇気づけられ、園の副園長と主任の二人に、日頃私に感じていることを言ってもらいました。二人は生涯教育学級が開かれないことを、とても心配していたのです。心を開いてきいてよかった。私は自分の思い込みで、先生方を信じられなかったことを反省しました。

これを機会に、私は長い年月、人を信じられないでいたことが分かり、人と関わっていくことで信じられるようになることも分かりました。私は生まれて初めて、自分を越えていく喜びを経験できました。

焼津では幼稚園と地域の両方にセンターの講座が開かれておりましたから、園での講座が休講の間、学級のお母さんたちは、地域の生涯教育講座や勉強会に、自分から求めて参加するようになりました。子供のためには、真剣になれる母親の姿にもまた感動しました。

こうして半年遅れの生涯教育学級の再開講は、父母と教師が一体となったものとなり、私には本当に嬉しい記念日となりました。そして〝幼児教育の大切さ〟に目覚めてい

焼津市常磐学園生涯教育学級　熱心な学習がつづく

くことを目標にした〃生涯教育学級〃を大切に育てていこうと思いました。学級で学んだお母さん方は、子供さんが園を卒業してからは、各々の地域でメンバーとして積極的に活動を続けている人も多く、今度は先輩として学級生に関わって下さっています。

振り返ってみますと、人事管理に悩み、娘の問題で苦しみ、孤独になっていた時、「あなたは根無し草ね」と言っていただいたことが、今も心に残っています。あれから何年たったでしょうか。大勢の先輩方に関わっていただき、ようやく両親や足下の主人に目を向けられるようになりました。私はいつまでも子供の立場からだけで父母を見て、要求を充たしてくれなかったと不満に思い、親はこうあるべきと理想を当てはめ、できない部分を批判してきましたが、〃父も母も一人の人間である〃という見方を教えていただき、偏見が少しずつなくなってきました。そして、私にどんな願いと愛をかけて育ててくれたのかが、ようやく分かり、両親と心がつながった時、あの孤独と不安がなくなり、自信が湧いてきました。主人との関わりも、私のご都合次第で好きな人になったり、嫌いな人になったりしている日常で、主人の思いなど考えてもみませんでした。

このような私に育てられた子供ですから、問題行動を起こすのも当然のことだったと思います。親を拒否することは、意識の上で命のつながりを切り、生きる力を失う、そして、まわりの人たちをも不幸にすることを、体で分からせていただきました。娘のことを通して、両親への批判や反発を一つひとつ反省し詫びる気持ちになれたことが、命のつながりを復活させたのだと、気付かせていただきました。

私に問題を提起してくれた娘も、自己を克服し、おかげさまで無事、美術の専門学校を卒業し、生き生きと仕事に打ち込んでいます。皆さんから、「女らしくなったね」と言われるようにもなりました。

もしこの学びがなかったら、私のこの内向的な冷たい性格で、娘を死に追いやり、主人の愛も善意も受けつけず、保育者としても、ただまわりから認められることのみに価値をおき、子供たちや先生方を管理することに力尽きて、廃人になっていただろうと思います。

最近、先生方を見る自分の意識が変わってきたことに気づきます。発言する人を批判的だと思ってきましたが、こちらが聞こうとする姿勢に変わった時、〝前向きに意見を出しているな〟と感じるようになり、私の一番苦手な話し合いも楽しいものになり、自分でも驚きます。これも学びの中で先輩方に教えていただき、一人ひとり受け入れる努力をしたおかげさまだと思います。「先生方が明るいですね」と言っていただくと、自分が褒められた以上に嬉しくなります。

毎日園児と生活する中で、最近特に心配になることは、友達がつくれない、大人の顔色を見る、失敗をこわがって手を出さない、神経性の頭痛や腹痛、簡単に骨折するなど、精神的にも肉体的にも弱い子が多くなったことです。母親たちは小学校へ行ってから良い点数が取れるようにと、その子の成長のリズムなど無視して文字や数を教えこみ、塾へ通わせる。危ないからと外で遊ばせない。ケンカも泥んこ遊びもダメと管理する。幼児期の知的な好奇心や、遊びを通して学ぶという意欲や、学習の基礎となる生活の場は取り上げてしまい、〝出来る、出来ない〟の価値観の中で、子供たちはすっかり傷つき、私たち大人に信号を送っているのですが、それをも、言うことをきかない子、やる気のない子などときめつけ、子供の心を理解しようとしないのです。でも、この父母たちの幼児時代に、私はすでに保育者であったことを思うと、親と子の二世代分の責任を負って学んでいかなければと思います。

私は十年あまり野村生涯教育を学び、いま、思うことは、生きた本当の幼児教育はここにしかないという確信です。

私の今までの教育は、学問として、知識で覚えたものを子供に当てはめ能力を伸ばす、性格を直してあげる等の方法論でした。しかし野村生涯教育では、関わる子供を通して親が、教師が、自分自身を知り、子供を理解して、さらに関わっていく、この相互教育が真の教育だと言われます。

私自身、子供の頃からの閉鎖的な性格は、学習によって気づくことができながらも、努力しても、なかなか変わることができませんし、困難なことが起こるとその瞬間に、殻に入ってしまう自分を見る時、幼児期の教育がどんな意味を持つか、いましみじみ嚙みしめさせられています。

今、若い先生方の実態として、やはり管理教育の中で育ったためか、他人を干渉しないが自分もされたくない。マイペースで人間関係のできにくい人が多くなっています。子供たちを主体的に育てるには、まず保育者一人ひとりが自分に責任を持ち、自立していかなくてはと思い、気づいたこと、疑問に思うことは何でも話し合い、保育を進めていこうと努力しています。私が出すぎたり、先生方の意見に納得できぬまま引き下がってしまったりと、行きつ戻りつしながらも、お互いに相手の立場を理解しようと努力している心が伝わってきます。

野村理事長から、「身近な家族への気配りが、人間関係の原点」と教えていただいたことを思いおこしますと、まず私自身、精神的にも肉体的にも健康となり、いつの間にか家庭が和やかになっていることに気づき、感謝の気持ちが湧いてきます。息子は家を離れて自活するようになりました。私に代わって、二人の子供の育児と家事を受け持ってくれた姑も九十四歳、最近は足を痛めて休んでいますが、両親に反発してきたお詫びもこめて、大切にしたいと思います。夫を愛するとは、命を受け渡してくれた主人の両親、そして家族をも愛することだと気づくことができました。

今、教育改革期にあたり、文部省からも生涯学習体系への移行が打ち出されましたが、二十数年前、すでに理論が構築され、実践し、実証を重ねた野村生涯教育が、人間性回復のためにいかに必要かと深く感じています。

私も、親として、また、大切な幼児教育にたずさわる一人として、園長として、さらに社会に責任を持つ大人として、園に、地域社会によびかけ、一人でも多くの方と学んでいけるよう、努力してまいります。

野村生涯教育

概　要

１９８９年度版

生涯教育への願い

（財）野村生涯教育センター理事長
野　村　佳　子

私は下記のモットーをかかげて、教育ボランティアとして、生涯教育の理念の学びと実践をすすめております。

知識の教育から——→智慧の教育へ
知育偏重教育から——→全人教育へ
伝統文化学習から——→文化創造の学習へ
時限教育から——→生涯教育（永久教育）へ

○子供たちの教育は
いついかなる場合にも親の自己教育である。

○生徒たちの教育は
いついかなる場合にも教師の自己教育である。

○社会・人生にふれ合うすべての条件は
一人一人の自己学習の教材である。

人間社会における政治・経済・教育の諸機能において、人間がその諸機能の担い手である限り、人間の教育が第一の出発点になるはずです。

ましてや人類史上、今ほど大きな転換期を迎えている世紀はないと思われます。人間性の復活、平和社会の実現、地球的レベルにおける新しい文明の創造が希求されているこの時代、そして人類が共滅から共存への道を見出さなければならないこの時代にあって、人間教育がすべてに優先し、抜本的な見直しがなされなければならないと思います。特に青少年の非行や自殺、暴力等々、未来を失った彼らの姿に教育のゆきづまりを痛感いたします。

人間が人間らしくあるための教育が、人間不在になってしまっている今、教育の原点に立ち還る必要を感じています。それはつまり、「人間とは何か」「生きるとはどういうことなのか」という人間の原点、本質にまでさかのぼらない限り、結局は単なる手直し、方法論に終わるのではないかと思うのです。

人間の教育は特定の限られた専門家だけの問題ではなく、むしろ人生の最初の教師、生涯を通しての教師は、その生命を生み、育て、守る親であり、特に母親であることを思います。

そしてまた生涯にわたる人間形成、自己実現は、一人一人の己れの問題であることを思うとき、真の人間教育のあり方は、生涯教育の最大のテーマであり、今世界が探し求めているものであろうと考えます。

私はこの観点に立って、教育の本質を人間性の復活に求め、東洋の人間観、自然観に基づいた生涯教育の基本理念を打ち立てました。

その基本理念において、家庭、学校、社会の有機的連帯のもとに人間形成をはかり、自己教育を通し相互教育をはかりつつ、地球的レベルの連帯にまで拡大することによって、人間復活の教育が確立され、今世界が模索している人類共存の文化の創造がなされることを確信し、その学習と生活実践を提唱し推進したいと思います。

財団法人野村生涯教育センター

名　称

この法人は、財団法人野村生涯教育センターという。

所在地

この法人は事務所を東京都渋谷区代々木一丁目四十七番地十三号におく。

目　的

この法人は、東洋の自然観、人間観に立脚した人間の位置づけ、価値づけを基本理念とし、それに基づく生涯を通じた学習及び実践活動（以下生涯教育という）を推進し、もって人間資質向上とゆたかな文化の創造に寄与することを目的とする。

事　業

この法人は前条の目的を達成するために次の事業を行う。

(1) 生涯教育に関する研修会の開催

(2) 生涯教育に関する大会、講演会の開催

(3) 生涯教育に関する国際交流

(4) 国内外の行政、学校、その他の諸団体への講師、講演者派遣

(5) 学習者に対する助成

(6) 生涯教育に関する出版物の刊行

(7) 教育相談

(8) その他この法人の目的を達成するために必要な事業

会　員

この法人の趣旨に賛同し、後援する個人または団体を賛助会員とすることができる。

会員規定　会員及び会費は次の通り定める。

正　会　員　　月　一、〇〇〇円

特別会員　　月一〇、〇〇〇円

法人会員（団体）　年一口以上、一口一二〇、〇〇〇円

沿革

	国内活動	国際活動
一九六二年（昭三七年）	家庭婦人のボランティア活動として発足。	
一九六七年	コース別研修講座はじまる。	
一九六九年（昭四四年）		野村理事長世界一周の旅。
一九七〇年一一月	**第一回生涯教育全国大会** テーマ「地球はひとつ——平和の灯、世界の果てまで」	
一九七一年一一月	**第二回全国大会** 「生涯教育—限りなき人間の可能性を求めて」	

一九七二年三月四日	**生涯教育センター創立。**	カンボジア訪問、婦人界代表と交流。
	芸術教育部発足。	
一一月	生涯教育センター創立記念第三回全国大会「教育の原点をみつめて」文部省後援、以後毎年後援を受ける。	
一九七三年　二月		理事長、インド、ネパール、タイ国訪問。
七月	生涯教育塾（青年部）発足。	
一一月	第四回全国大会「教育の新しい世紀を迎えて」	
一二月		台湾、比島の学校施設見学。
一九七四年　五月		韓国訪問。文部省、ユネスコ、各大学、婦人団体と交流。
八月	第五回全国大会(東京大会)「教育はすべてに優先する」ユネスコ本部より生涯教育担当官E・ジェルピ	理事長ルーベンにおける世界平和会議に参加、「胎児の人権」について発言。

九月	ピー博士参加、スピーチ。	ローマ法王パウロ六世に謁見、センター資料を謹呈。
一一月	第六回全国大会「平和への創造」	
一九七五年　五月	第一回宮崎県大会（宮崎市）「生涯教育のめざすもの」	
六月	第七回全国大会（研究集会）「現代教育を考える」はじめて七分科会をもち、会期三日間となる。 幼児教育部発足。	
一一月	第一回山梨県大会（甲府市）「現代教育を考える」	インド視察、理事長ほかメンバー三〇名。
一一～一二月	東京（世田谷・中央・中野・杉並・城東、各グループ）で生涯教育研究集会を開く。	
一九七六年　五月	第一回神奈川県大会（厚木市）「真の人間教育とは」	

八月	第八回全国大会「生涯教育の今日的課題」一二分科会。ユネスコ本部E・ジェルピー博士を招待。 成人部（高年講座）発足。	
一九七六年一〇月	群馬県大会(前橋市)「真の人間教育とは」	
一一月	第一回静岡県大会(清水市)「現代教育と大人の責任」	野村理事長シンガポールにおける平和会議に出席。東洋の自然観、人間観について欧米婦人と討議する。
一九七七年　七月		野村理事長ジェルピー博士の招待を受け、フランス訪問のあと西ドイツで学者・平和活動家とミーティングを行う。 ウィーン在住のF・マイヤー博士の推せんによりオースト

		リア国営テレビ教育番組に出演。
八月	第九回全国大会「地球人として人間として」	
一一月		**第一回生涯教育国際フォーラム**(東京)「地球人として人間として」在日外国人参加。
一九七八年　四月	第二回山梨県大会(甲府市)「現代教育と大人の責任」	
六月~七月		第二回国際フォーラム主催のためヨーロッパ七ヵ国を訪問、文部省、ユネスコほか諸団体の有識者と懇談意見の交換を行う。
八月	第一〇回全国大会「共存の秩序の模索」 一〇分科会の中にはじめて青年学	

一一月	生部分科会をもつ。 生涯教育講演会「人と文化」朝日講堂で 講師　武藤義一教授　沢田美喜氏 野村佳子理事長	
一二月		**第二回生涯教育国際フォーラム** (パリ、ユネスコ本部)「共存の秩序と模索」日本政府ユネスコ常駐代表部後援。 ヨーロッパ一三ヵ国、日本を含め九七名参加。
一九七九年　四月		第三回ヴァン・クレ世界会議（ブリュッセル）にて理事長講演。「日本における生涯教育」 その後ヨーロッパ六ヵ国を歴

		訪、懇談。
七月		第四回精神衛生世界会議（ザルツブルグ）にて理事長講演。 「家庭の価値と役割」
八月	第一一回全国大会「共存の秩序の模索」 二〇分科会をもつ。このときより、青年学生部、児童部、幼児部の報告を行う。	
一一月	生涯教育講演会（国際児童年を記念して）「現代社会と生涯教育」朝日講堂にて。講師　南　博教授、野村佳子理事長	
一九八〇年　三月	生涯教育国際講演会(東京)「生涯教育—現代の要請」企業界対象。 講師　R・H・レクートル博士・山岡喜久夫教授・野村佳子理事長	**生涯教育国際講演会**（東京） （企業界を対象に） テーマ「生涯教育」—現代の要請—

		後援文部省、経団連、日経連。講師　ヴァン・クレ財団専務理事R・H・レクートル氏（ベルギー）、早稲田大学教授山岡喜久男氏、野村佳子理事長
七月		第四回世界比較教育学会前会議に参加のため野村理事長訪韓、交流。
八月	第一二回全国大会「生涯教育—現代の要請」	韓国平生教育院設立準備委員長　金壹男教授　生涯教育研究のため野村理事長訪問 その後、第一二回全国大会に参加
八月〜九月		第三〇回WEF世界会議（ロンドン）にて野村理事長講演「日本における生涯教育」 ヨーロッパ五ヵ国、アメリ

	九月		カ・カナダを歴訪、懇談。（第三回生涯教育国際フォーラム準備のため） アンドラ大学における余暇文化研究秋期講座（インド）に野村理事長招へいをうけ特別講義を行う。「日本の教育事情と生涯教育」
	一〇月	第二回神奈川県大会（逗子市）「私たちはどう生きたらよいか」	
	一二月	事務所を代々木に新設、移転。	
一九八一年	四月	財団法人設立　名称を「財団法人野村生涯教育センター」と改める。	韓国平生教育（生涯教育）機構創立記念学術講演会（ソウル）に野村理事長記念講演。テーマ「生涯教育の理念と実践」
	五月	第二回宮崎県大会（宮崎市）「生涯	

	六月	教育―明日をになう子供たちのために」	オタワ大学（カナダ）にて野村理事長講演　テーマ「結婚と家庭」
	八月	第一三回全国大会「宇宙・地球・人間　このすばらしいもの」二七分科会をもつ。	韓国平生教育機構理事長梁俊模博士、教育院長金壺男教授のほか四名 第一三回全国大会に参加
	一二月	第三回神奈川県大会(横浜市)「これからの家庭像」	
一九八二年	四月		第四回ヴァン・クレ世界会議（ベルギー）にて理事長講演「生涯教育の今日的課題」ヨーロッパ五ヵ国を歴訪、懇談。
	五月	第三回宮崎県大会(都城市)「これからの家庭像」	

八月	第一四回全国大会「宇宙・地球・人間　このすばらしいもの―その尊厳と存続のために」	
九月		ＩＣＯＭＨ職業上の精神衛生世界会議（スウェーデン）にて理事長講演「職場の精神衛生における生涯教育の役割―日本の経験」 第三回フォーラムの準備打合せのためフランス、ドイツ歴訪。
一〇月		ＩＣＡＥ国際成人教育協議会パリ会議に提言者として野村理事長出席。次回ユネスコ総会の為の、成人教育に関する勧告案を採択される。
一一月	第一回長野県大会（松本市）「これ	

十二月	からの家庭像」 第二回静岡県大会（焼津市）「これからの家庭像」	**第三回生涯教育国際フォーラム**（西ドイツ、ケルン）「宇宙・地球・人間　このすばらしいもの―その尊厳と存続のために―」在ドイツ連邦共和国日本大使館後援。ヨーロッパ、アメリカ、カナダ、インドなど日本を含め一四ヵ国より一〇九名参加。
一九八三年　二月	山形県生涯教育総合推進協議会発足に当り野村理事長記念講演（山形県主催） 「生涯教育の新しい課題―社会のリーダーに求められるもの」	
四月		インド社会学者アンドラ大学教授　シマハドリ氏を研修生

		として一年間留学受入れ。
六月	第四回宮崎県大会(日向市)「いま親は何をすべきか」	ポルトガル元首相　国連大学理事マリア・デ・ルデス・ピンタシルゴ女史来訪、懇談。
八月	第一五回全国大会「新しい教育の創造にむかって——少年非行の問題をみんなで考えよう。人間の問題はみんなで考えよう」 ポール・ラングラン博士よりメッセージ。	
一一月	千葉県大会(千葉市)「いま親は何をすべきか」	
一二月	第三回静岡県大会(清水市)「青少年問題と家庭のあり方」	
一九八四年　四月	群馬県の生涯教育元年の記念講演会に野村理事長記念講演（群馬県主催）	K・コッペ氏（西ドイツ）来訪、懇談。

六月	「生涯教育とは―教育は学校だけのものでしょうか、教育の目的は何でしょうか」 第五回宮崎県大会(宮崎市)「いま親は何をすべきか」	
七月		外務省文化部長の依頼により、来日中の、トルコ、トプカプ宮殿博物館長　テュルゴーグル氏を文化交流の一環として、野村理事長宅に招待、懇談。
八月	第一六回全国大会「新しい教育の創造にむかって――親として、教師として社会人として、いま何をなすべきか」ゲスト　ユーゴスラビア　V・ヤンコビッチ教授。バングラディッシュ　R・ラーマン氏参加。	第一六回全国大会にV・ヤンコビッチ教授（ユーゴスラビア）ゲストとして参加。 R・ラーマン氏　来訪、交流。

一〇月	第二回長野県大会（塩尻市）「いま親は何をすべきか」	
一一月	第四回静岡県大会（清水市）「いま私たち大人は何をなすべきか。次代を担う子どもたちのために」ドイツ婦人と文化の会会長パッシュマン夫人、同メンバー　バイヤー夫人参加。	ドイツ婦人と文化の会会長パッシュマン夫人及びバイヤー夫人センターとの交流のため来日、第四回静岡県大会に参加。
一九八五年六月	第六回宮崎県大会（小林市）「二一世紀にむかってみんなで考えよう――家庭の役割と大人の責任」	
七月		バーナード・ヴァン・リア財団理事A・W・ウッド氏（オランダ）来日、センターの事業について懇談。
八月	第一七回全国大会「生命の世紀への復活―今日　教育に問われるも	

九月	の」	第四回生涯教育国際フォーラム準備のため、フランス・スイス・イギリス・西ドイツを歴訪、懇談。
一〇月	第三七回全国連合小学校長会研究協議会宮崎大会に野村理事長記念講演「教育の原点にもどる」	
一〇月	野村理事長「国連婦人の十年」最終年にあたり、婦人の地位向上についての功労者として総理大臣賞を受賞。	
十一月	第五回静岡県大会(静岡市)「二一世紀にむかって教育を考えよう——子どもたちの未来のために」	
十一月	第三回長野県大会(長野市)「二一世紀にむかって教育を考えよう——家庭の役割と大人の責任」	

一二月	第一回大阪大会（大阪市）「生きる意味を問う―新しい価値の創造の中で」	
一九八六年　二月		国際青年年を記念する、青年に関する国際セミナーがインドで開かれ、野村理事長出席の要請を受け、講演原稿を送る。青年部員五名派遣、交流。（インド、アンドラ大学）
四月		国連大学理事元ポルトガル首相ピンタシルゴ女史、元国務長官ゴメス女史、カルドーソ在日ポルトガル大使館参事官を野村理事長宅に招待、懇談。
五月	野村佳子著「主婦たちの国際会議―生涯教育の道のり」毎日新聞社	

	より出版さる。	
六月	第七回宮崎県大会(日南市)「生涯教育二一世紀にむかってみんなで考えよう――家庭の役割と大人の責任」	第四回フォーラム準備打合せのためフランス・オランダ・イギリスを歴訪・懇談。
八月	第一八回全国大会「教育の原点人間の原点を問う――いじめ・非行の背景にあるものは」	
九月		第四回フォーラム準備打合せのため、K・コッペ氏(西ドイツ)来訪。
一〇月		**第四回生涯教育国際フォーラム**(パリ、ユネスコ本部及びマルリー・ル・ロワ、国立成人教育研究所)「生命の世紀への復活」日本ユネスコ常駐代表部後援。

一一月		ヨーロッパ、アメリカ、ソ連、ハンガリー、チェコスロバキア、ケニヤなど、日本を含め二〇ヵ国一四八名の参加。成人教育家養成のニーズ・プログラム・方法についての国際諮問委員会（ハンガリーのブタペスト、ユネスコ主催）に勧告作成者として野村理事長招へい、出席。
一九八七年　二月		Y・C・シマハドリ教授夫妻（インド）（当センターインド支部責任者）来日、センター創立二五周年記念式典に夫人参加。
六月	第八回宮崎県大会（延岡市）「二十一世紀をになう子どもたちのため	

	に―今、私たちは何をすべきか」	
八月	第一九回全国大会「生きる意味を問う―人間とは、家族とは、家庭とは」	
一〇月		WFT世界会議（ベルギー）にて理事長講演「自由時間・教育・永久教育―日本における教育ボランティア活動の経験から」
一〇月		ボン・ミーティング（西ドイツ）当センター主催　参加者五〇名 ロンドン大学ミーティング（イギリス）当センター主催　参加者三〇名
一一月		オランダ、フランス訪問 フォーラムその後の交流、懇談

一二月		日本文化研究のためのアフリカ・アメリカ協会主宰、ワシントン大学国際政治学教授センバ・ソノ氏（アメリカ）来訪、懇談。 野村理事長にアメリカでの講演依頼。
一九八八年　五月		バーナード、ヴァン・リア財団専務理事A・W・ウッド氏（オランダ）（国連難民高等弁務官事務所スタッフ、佐藤章江氏同行）を野村理事長宅に招待、懇談。
六月	第九回宮崎県大会（西都市）「二一世紀をになう子どもたちのために――今、私たちは何をすべきか」	H・ラッツ教授　T・ザック教授（イスラエル・ハイファ大学）来訪。本部、国際部、青年部と懇談。

七月	野村佳子編著「生涯教育」創刊号 （財）野村生涯教育センターより出版さる。
八月	第二〇回記念生涯教育全国大会 「生涯教育の目ざすもの 民間生涯教育二〇数年の歴史」 IRTAC（カウンセリング促進のための円卓会議）第一三回国際会議（カナダ）に野村理事長招へい、出席。 「変化する世界―変化する人々：カウンセリングと健康に関する世界の関心」
八～九月	WEF（世界教育機構）第三四回世界会議（オーストラリア）にて野村理事長講演。「助け合う地域社会づくりのための教育」
九月	エミサリー財団インターナショナル　ポール・ブライス夫

九月		妻（オーストラリア）と同財団東南アジア、日本担当ヘンダーソン氏来訪、懇談。 国際成人教育協議会、ICAE事務局長B・ホール氏（カナダ）来訪、国際識字年NGOsの推進母胎の事務局長として協力を要請
一〇月	センター創立二五周年記念事業として二月着工の、代々木、本部研修館落成。	
一一月		ASPBAE（アジア南太平洋成人教育協議会） 中国婦人会議（中国、香港）に野村理事長、日本代表として（財）社会教育連合会より派遣講演。「女性のための成人

一二月	野村佳子著「教育史に位置づける民間生涯教育—野村生涯教育二六年の歩み」かど創房より出版さる。	教育の戦略と革新の交流」
一九八九年　三月		青年、平和、開発に関する国際青年セミナー（インド、アンドラ大学）「第三世界の追いつめられた青年たち」で野村理事長基調講演。 テーマ「生涯教育」—現代の要請— 随行理事二名、国際部一名、青年部一四名会議に参加。
七月	野村佳子著「生涯教育」'89年度版かど創房より出版さる。	
八月	第二一回全国大会 「生涯教育」—時代と教育—	

国内活動

家庭教育・学校教育・社会教育の密接な連携において野村生涯教育の理念を学び実践する。

(1) 運営会議

月一回本部、各部責任者、全国の地域責任者参加・協議

(2) 生涯教育定例講座

基本理念の学習とその実践化

講義・ディスカッション・教育実践報告等

一般講座	月二回　十時～十五時 会場：国立教育会館
土曜講座	月二回　第二・第四土曜日　夜六時三十分～九時 会場：当センター研修室
高年講座	高年齢層のために　月一回　会場：当センター研修室
全国講座	月一回　二泊三日　全国より参加　リーダー育成をめざす

	会場：主に国立青少年センター
研究講座	月一回　リーダーの特別研さん
地域別研修	○野村生涯教育センターの主催によるもの　各地域　月一回 ○地域社会、学校、各種団体の要請に応ずるもの　随時
青少年学習講座	月一回　土曜・日曜一泊二日 会場：国立青少年センター 　当センター研修室
	学習の一環として野外研修　全国大会で青年の部・青少年の部・児童の部を担当する
幼児教育部	幼児と大人の相互学習 休日を除く毎日 当センター幼児部室、ほか　移動教室

(3) 普及活動

生涯教育全国大会	毎年一回　八月開催（東京）

	基調講演 分科会 パネルディスカッション、シンポジウム等 例年文部省、東京都教育委員会等による後援
生涯教育各県大会	地方支部活動を基盤に全国大会に準じて行う
講演会	○センター主催によるもの ○行政機関・地域社会・学校・各種団体の要請に応ずるもの
交流・懇談	政治・経済・教育行政機関・報道関係・学校関係者等を対象に
教育相談 グループ討議	乳幼児から高年齢層までの諸問題　家庭・学校・社会の諸問題 を当面するものの学習課題としてとりくむ 休日を除く毎日　センター研修室
文化教養	書道 華道・茶道・料理・体育 園芸・語学
芸術教育	音楽を通しての人間性開発をめざす　週一回

才能教育研究会（鈴木メソッド）との提携によるバイオリン教室

国際活動

生涯教育国際フォーラム主催　四年毎

生涯教育国際講演会主催　主として国内
国外各国でグループミーティング主催

教育・学術国際会議に講演・参加・協力

教育・学術講演会に講演・参加・協力

アジア・欧米・東欧諸国との交流・懇談・情報交換

在日外国人・留学生との交流・懇談
来日外国人・青年層との交流・懇談

留学生派遣・受入

海外支部

西ドイツ支部（ボン）
（責任者）カールハインツ・コッペ
インド支部（ヴィシャカパトナム）
（責任者）Y・C・シマハドリ
Y・直子・シマハドリ

出版広報活動

・生涯教育の目ざすもの　その一　'72
（B六判　四八頁）

・生涯教育の目ざすもの　その二　'73
（B六判　五五頁）

・生涯教育の目ざすもの　その三　'79
（A五判　七〇頁）

共存の秩序の模索　'82
（第二回国際研究会記録集）
（財）野村生涯教育センター刊
（B五変型　一一三頁　定価一〇〇〇円）

新しい教育の創造にむかって　'86
—少年非行の問題をみんなで考えよう
人間の問題はみんなで考えよう—
（第一五回全国大会記録集）かど創房刊
（A五判　二〇六頁　定価一五〇〇円）

野村佳子　著

（・印は絶版）

主婦たちの国際会議
―生涯教育の道のり―　毎日新聞社刊
（四六判　二四九頁　定価一四〇〇円）　'86

第四回生涯教育国際フォーラム
生涯教育―生命の世紀への復活―
ファイナルレポート（日本語・英語）
（財）野村生涯教育センター刊
（A四判　一二二頁　定価一五〇〇円）　'87

教育史に位置づける民間生涯教育
―野村生涯教育二十六年の歩み―
かど創房刊
（A五判　二二五頁　定価二〇〇〇円）　'88

生涯教育　創刊号
（財）野村生涯教育センター年刊
（A五判　二〇〇頁　定価二〇〇〇円）　'88

生涯教育'89年度判　かど創房刊
（A五判）　'89

大会記録集

教育はすべてに優先する（第五回全国大会記録集） ’75
現代教育を考える（第七回全国大会記録集） ’76
生涯教育の今日的課題（第八回全国大会、シンポジウム） ’76
現代の要請（生涯教育国際講演会記録集） ’80
宇宙・地球・人間このすばらしいもの
—その尊厳と存続のために—（第一四回全国大会記録集） ’84
いま親は何をすべきか　第五回宮崎県大会記録集 ’85
第二十回記念生涯教育全国大会プログラム　二部構成 ’88
（大会プログラム
生涯教育推進二十数年のあゆみ　集録

生活の教育化レポート	私の生涯教育　第一集	'82
	〃　第二集	'84
	〃　第三集	'86
機関紙	生涯教育（一～七）	'73／3～'76／2
	生涯教育センターだより（一～二六）	'76／5～'85／4
	野村生涯教育（二七～三五）	'85／8～'88／3
	野村生涯教育（三六～四五）月刊	'88／4～'89／1
	野村生涯教育だより（四六～　）月刊（第三種郵便物認可'89／4　48号より）	'89／2～
活動報告	（財）野村生涯教育センター活動報告（野村生涯教育だより　付録）	年刊
概要	野村生涯教育概要（二一種）	年刊

英文資料	The Aim Lifelong Integrated Education '75 For Full Development of Human Potential '82 Synopsis '88 Forum News '86 Proceedings of the 2nd International Forum Lifelong Integrated Education Seeking an Order of Human Coexistence '86 Final Report of the 4th International Forum '87 LIEC NEWS '73～'85 No.1～7
仏文資料	Prêsentation Cénérale:Nomura Center for Lifelong Integrated Education. Information sur le Forum '86
ASPBAE中国婦人会議報告書 （財）野村生涯教育センター作成 （財）全日本社会教育連合会発行	

全国地域組織

東京ブロック	
中央 城東 城南 城西A 城西B 城西C 城北	

地方支部	研修地区
神奈川	横浜 平塚 逗子 厚木 小田原 湯河原
千葉	千葉 我孫子 船橋 佐倉
埼玉	草加 日高 浦和 熊谷
群馬	前橋 伊勢崎 高崎 桐生 薮塚
山梨	甲府 竜王 市川
長野	長野 松本 塩尻 伊那 駒ヶ根 諏訪
静岡	静岡 清水 焼津 島田 岡部 藤枝 富士宮 掛川
山形	山形 新庄 長井 天童

宮城	仙台 将監 加茂 黒松
京都	京都 山科 嵯峨
大阪	大阪 堺 豊中 枚方 八尾
宮崎	宮崎 都城 串間

連絡所	研修地区
茨城	古河
栃木	足利 佐野 葛生
新潟	佐渡
愛知	豊橋
富山	富山
福島	郡山 いわき
北海道	札幌 函館
奈良	奈良 斑鳩 飛鳥
兵庫	神戸 夙川 赤穂

連絡所	研修地区
福井	敦賀 小浜
広島	広島 亀山
岡山	津山
山口	下関
福岡	北九州 博多
熊本	熊本
大分	大分
鹿児島	鹿児島

生涯教育 II

野村生涯教育一九八九年度版

定価二〇〇〇円

初版印刷　一九八九年七月二〇日
初版発行　一九八九年七月二八日

編著者　野村佳子

企画制作　財団法人野村生涯教育センター

発行者　門馬正毅

発行所　かど創房
越谷市大成町八－二五二〇－四四
☎〇四八九(八六)八八〇〇　〒三四三
振替　東京六－三二四六一

印刷　株式会社方英社

製本　カノマタ製本

ISBN4-87598-302-6 C0037

野村佳子著作案内

生涯教育のめざすもの Ⅰ（昭和四七年）　Ⅱ（四八年）　Ⅲ（五四年）
毎日新聞社刊　定価一四〇〇円

主婦たちの国際会議——生涯教育の道のり

共存の秩序の模索——第二回生涯教育国際フォーラム記録（編著）
（財）野村生涯教育センター刊　昭和五七年　定価一〇〇〇円

第四回生涯教育国際フォーラムファイナルレポート
（財）野村生涯教育センター刊　昭和六二年　定価一五〇〇円

生涯教育——新しい教育の創造にむかって（第十五回全国大会記録集）編著
かど創房刊　昭和六一年　定価一五〇〇円

生涯教育——創刊号（編著）
（財）野村生涯教育センター刊　昭和六三年　定価二〇〇〇円

教育史に位置づける民間生涯教育
——野村生涯教育26年の歩み
かど創房刊　平成元年　定価二〇〇〇円